Karl Grass

Das Adamsspiel

Vol. 1

Karl Grass

Das Adamsspiel
Vol. 1

ISBN/EAN: 9783337320263

Hergestellt in Europa, USA, Kanada, Australien, Japan

Cover: Foto ©Thomas Meinert / pixelio.de

Weitere Bücher finden Sie auf **www.hansebooks.com**

ROMANISCHE BIBLIOTHEK

HERAUSGEGEBEN

VON

DR. WENDELIN FOERSTER,

PROFESSOR DER ROMANISCHEN PHILOLOGIE AN DER UNIVERSITÄT BONN.

VI.

DAS ADAMSSPIEL.

HALLE A. S.,

VERLAG VON MAX NIEMEYER.

1891.

DAS ADAMSSPIEL.

ANGLONORMANNISCHES GEDICHT
DES XII. JAHRHUNDERTS

MIT EINEM ANHANG

DIE FÜNFZEHN ZEICHEN DES JÜNGSTEN GERICHTS

HERAUSGEGEBEN

VON

DR. KARL GRASS.

HALLE a. S.,

VERLAG VON MAX NIEMEYER.

1891.

Einleitung.

Das Adamsspiel ist uns in einer Handschrift (No. 927) der Stadtbibliothek von Tours überliefert. Es wurde zum ersten Male von Viktor Luzarche unter dem Titel: „Adam, drame anglo-normand du XIIe siècle, Tours MDCCCLIV" herausgegeben.

Die Handschrift, welche in der Einleitung dieser Ausgabe (S. V ff.) näher beschrieben ist, ist eine der wenigen, die auf Baumwollpapier geschrieben sind; sie umfaßt nach Dorange, Catalogue descriptif et raisonné des Mss. de la Bibl. de Tours, Tours 1875, S. 409 folgende Stücke (vgl. noch Delisle in Rom. II, 91 fg.):

1) f. 1: ein liturgisches Drama von der Auferstehung. Veröffentlicht von Luzarche: „Office de Pâques ou de la Résurrection, Tours 1856" und von M. de Coussemaker: „Drames liturgiques du moyen âge 1861" S. 37—48.

2) f. 8: Hymnen und verschiedene Gesänge. Veröffentlicht von Luzarche in seiner Ausgabe: „Office de Pâques" etc., S. 28.

3) f. 20: das Adamsspiel.

4) f. 40^v: die Fünfzehn Zeichen.

5) f. 47: das Leben des hlg. Georg. Veröffentlicht von Luzarche: „Vie de saint George par maître Wace, Tours 1858".

6) f. 61: das Leben der Jungfrau Maria, von Wace. Veröffentlicht von Luzarche: „La vie de la vierge Marie, Tours 1859."

7) f. 109: das Leben des hlg. Gregor. Veröffentlicht von Luzarche: „Vie du pape Grégoire le Grand, Tours 1857.“

8) f. 185: eine Übersetzung der Distichen Catos, in franz. Versen, von Adam de Suel. Luzarche giebt in seiner Einleitung zum Adamsspiel S. XXXIII einige Auszüge von jenem Gedicht, dessen Anfang in unserer Handschrift fehlt. Der vollständige Text findet sich in einer Handschrift der Bibl. Nationale (ms. fr. 1555).

9) f. 205: das Leben der hlg. Margarethe, von Wace. Der Anfang fehlt. Herausgegeben von A. Joly, „La vie de sainte Marguerite, poème inédit de Wace, Paris 1879“; vgl. Rom. VIII, 275 und Notes et Extraits des msc. de la bibl. nat. XXXIII, 1, 19.

10) f. 217: das Mirakel von Sardenay, unediert.

11) auf der letzten Seite: die vier ersten Strophen der provenzalischen „épître farcie“ vom hlg. Stephan.

Das Adamsspiel steht also an dritter Stelle und zwar von f. 20^r—40^r, von f. 40^v—46^v das Gedicht von den Fünfzehn Zeichen. Die Schrift ist nachlässig und ziemlich schwierig zu lesen (Luz. S. LXIX). Auf den ersten Blättern (von f. 20^r—25^v) sind die Verse in langen Zeilen, wie Prosa geschrieben; erst auf f. 25^v (also von Vers 314 an) beginnt die Trennung nach Versen.

Von Vers 386 an ist der Text in kleineren Buchstaben geschrieben.

Über das Alter der Handschrift bemerkt Luzarche (S. VII): „ce volume a été écrit à deux époques, et, peut-être, par deux mains différentes. La première partie, comprenant quarante-six feuillets, appartient à la seconde moitié du XIIe siècle; la dernière, comprenant le reste du volume, au commencement du XIIIe.“ Dorange (a. a. O.) dagegen ist anderer Meinung: „Quelques savants ont cru qu'il avait été exécuté par deux scribes différents, une partie dans la seconde moitié du XIIe siècle, et l'autre au commencement du XIIIe. Il est plus probable que le manuscrit tout entier est d'une seule et même main, et qu'il n'est pas antérieur au milieu du

XIII° siècle." Ganz ähnlich äufsert sich ein ausgezeichneter Paläograph, L. Delisle (Rom. II, 92): „Il (die Handschrift) me paraît avoir été écrit par une seule et même main, et ne doit pas être antérieur au milieu du XIII° siècle." Dagegen hält Herr Prof. Foerster, der die Handschrift 1873 eingesehen und unser Adamsspiel mit dem Druck verglichen hat, an der Scheidung zweier verschiedener Schreiber fest und auch er ist geneigt, den ersten noch dem 12. Jahrhundert zuzuweisen.

Was die Veröffentlichung dieser Handschrift durch Luzarche anbetrifft, so giebt derselbe, wie er S. 87 (cf. auch die Anm. auf S. XLVI) bemerkt, den Text genau wie ihn der Schreiber niedergeschrieben, wieder, natürlich mit Hinzufügung der nötigen Interpunktion. Nur selten ergänzt er einzelne, von dem Schreiber ausgelassene Buchstaben, welche er jedoch mit Klammern bezeichnet. Wie nun aus der Vergleichung dieser Ausgabe mit der Handschrift durch Herrn Prof. Foerster, der mir seine Verbesserungen gütigst überliefs, hervorgeht, bedarf der von Luzarche veröffentlichte Text vielfache Berichtigungen. Solche finden sich leider nur ganz vereinzelt in einer späteren Ausgabe unseres Textes, welche im Jahre 1877 erschien: „Adam, mystère du XII° siècle, texte critique (so) accompagné d'une traduction par Léon Palustre, Directeur de la société française d'archéologie, Paris, Dumoulin, MDCCCLXXVII", während der Text an zahlreichen anderen Stellen sogar geschädigt erscheint und obendrein der Leser nie erfährt, was Änderung des Herausgebers, was Text der Handschrift ist.[1] So dürfte denn eine neue, auf einer neuen Vergleichung der Handschrift beruhende Ausgabe nicht überflüssig erscheinen. In derselben habe ich mich möglichst genau an die Lesart der Handschrift gehalten; um den Text jedoch lesbarer

---

1) Auch Littré, Étude sur Adam, mystère (Journal des Débats, 30 juillet et 29 août 1855), vgl. Histoire de la langue française, Paris, Didier, 1869, tome II, S. 72 ff. sucht einige wenige Stellen zu berichtigen.

zu machen, habe ich die Verstöſse gegen das Versmaſs beseitigt sowie die Schreibfehler und geringfügigen Versehen des Schreibers gebessert. Die Lesart der Handschrift habe ich jedoch stets unter dem Text angegeben. Die Deklination aber, bis auf sehr wenige im Reim stehende Fälle, habe ich mich nicht entschlieſsen können, im Innern der Zeilen selbst konsequent zu berichtigen, da aus den folgenden sprachlichen Untersuchungen des Textes erhellt, daſs dieselbe bereits fühlbar ins Schwanken geraten ist. Meine Änderungen der Handschrift beschränken sich meist auf Anfangsbuchstaben der Eigennamen, auf die Scheidung von *v* und *u*, *j* und *i*, sowie auf die Setzung des Tremas, des Accents auf *-e* und des Apostrophs. Gröſsere Versehen und unverständliche Stellen sind in den Anmerkungen berücksichtigt. Die Abkürzungen und Sigel wurden aufgelöst; die Auflösung ist jedoch stets durch den Druck kenntlich gemacht.

Die litterarhistorische Bedeutung unseres Denkmals ist bereits oft und dabei meist richtig festgestellt worden, weshalb ich von einer Wiederholung des schon Vorgebrachten absehe. Man findet die einschlägige Litteratur bei L. Petit de Julleville, Histoire du théâtre en France, Les Mystères, tome II, Paris, Hachette, 1880, S. 219, wo noch hinzuzufügen ist: A. Ebert, Göttingische Gelehrte Anzeigen 1856, Stück 24—26 (Kritik des Adamsspiels); Marius Sepet, Le drame chrétien au moyen âge, Paris, Didier, 1878, S. 121—158 und besonders die einschlägigen Hauptstücke seines Buches, Les prophètes du Christ, P., Didier 1878.

Zum Schlusse habe ich noch die angenehme Pflicht zu erfüllen, meinem hochverehrten Lehrer, Herrn Prof. W. Foerster, sowohl für die mir stets zu Teil gewordene reiche Belehrung als auch für die mir bei der vorliegenden Arbeit in Rat und That gewährte Unterstützung herzlichst zu danken.

Das Adamsspiel.

Constituatur paradisus loco eminenciori; circum-
ponantur cortine et panni serici, ea altitudine, .ut
persone que in paradiso fuerint possint videri sursum
ad humeros; serantur odoriferi flores et frondes; sint
5 *in eo diverse arbores et fructus in eis dependentes,*
ut amenissimus locus videatur. Tunc veniat salvator
indutus dalmatica, et statuantur coram eo Adam et
Eva. Adam indutus sit tunica rubea, Eva vero mu-
liebri vestimento albo, peplo serico albo, et stent ambo
10 *coram figura; Adam tamen propius, vultu com-*
posito, Eva vero parum demissiori; et sit ipse
Adam bene instructus quando respondere debeat, ne
ad respondendum nimis sit velox aut nimis tardus.
Nec solum ipse, sed omnes persone sint, instruantur
15 *ut composite loquantur, et gestum faciant convenien-*
tem rei, de qua loquuntur; [20ᵛ] et, in rithmis, nec
sillabam addant nec demant, sed omnes firmiter pro-
nuncient, et dicantur seriatim que dicenda sunt. Qui-
cunque nominaverit paradisum, respiciat eum et manu
20 *demonstret. Tunc incipiat lectio:*

IN PRINCIPIO CREAVIT DEUS CELUM ET TERRAM.

Qua finita chorus cantet: Rⱼ

Formavit igitur dominus.

---

4 humeris. — seruantur. 6 amenissemus. — uideratur.
7 choram. — Adam Eva. 12 instructis. 13 aud. 14 per-
sonne. 17 pronunciente. 22 corus.

1*

Quo finito dicat figura:

1   Adam!   *Qui respondeat:* .Sire!

FIGURA:

Fourmé tei ai
De limo terre.

ADAM:

Ben le sai.

FIGURA:

Je t'ai fourmé a mun semblant,
A m'imagene t'ai feit de *tere*.
5 Ne moi devez ja mover guere.

ADAM:

Nen ferai ge, mais te crerrai,
Mun creatur obeïrai.

FIGURA:

Je t'ai duné bon cumpainun:
Ce est ta femme, Eva a noun;
10 Ce est ta femme e tun pareil;
Tu li deiz estre ben fiël.
Tu aime li, e ele aint tei,
Si serez ben andui de moi.
El soit a tun comandement,
15 E vus andeus a mun talent.
De ta coste jo l'ai fourmee,
N'est estrange, de tei est nee.
Jo l'ai plasmee de ton cors;
De tei eissit, non pas de fors.
20 Tu la governe *par* raison;
N'ait entre vus dous ja tençon,
Mais grant am*or*, grant conservage:
Tel soit la lei de mariage.

---

1 te.   3 te ai.   4 ma imagene.   5 ia mais m.   6 frai.   7 obe-
rai.   11 le deuez.   12 lui. — ame.   13 ambedui.   14 Ele.   15 am-
bedeus.   16 coste lai.   17 Nest pas.   18 la plasmai.   21 uus ia.
23 manage.

FIGURA *AD EVAM*:

A tei parlerai jo, Evain.
25 Ço garde tu, nel tien en vain.
Si vos faire ma volenté,
En ton cors garderas bonté.
Aime, honore ton creator,
E moi reconuis a seignor.
30 A moi servir met ton porpens,
Tute ta force e tot tun sens.
Adam aimë, e lui tien chier:
Il est marid e tu mullier;
A lui soies tot tens encline,
35 Nen issir de sa discipline;
Lui aime e serf *par* bon corage;
Car ço est droiz de mariage.
Se tu li fais bone adjutoire,
Jo te mettrai od lui en gloire.

EVA:

40 [21ʳ] Jol ferai, sire, a ton plaisir,
Ja n'en voldrai de rien issir;
Toi reconustrai a seignor,
Lui a parail e a forzor;
Jo lui serrai tot tens feel,
45 De moi avra mult bon conseil;
Le ton pleisir, le ton servise
Ferai, sirë, en tote guise.

25 *Tunc figura vocet Adam propius et attentius ei dicat:*
Escote, Adam, e entent ma raison!
Jo t'ai formé, or te dorrai tel don:
50 Tot tens poez vivre, • si tu tiens mon sermon,

---

24 parlerai E.   25 tenez.   28 Moi aime honor.   31 Tut.
32 t,'en.   33 tu sa mullier.   36 Lui serf e aim. — coraje *gebessert
aus* corare.   37 manage.   38 le. — bon.   39 mettrai⬛ (e *ausgekratzt*).   40 frai.   42 conustrai.   43 paraille.   45 aura bon.
46 pleisir *steht von erster Hand über* seruise, *das durchgestrichen
ist*.   47 frai.   49 itel.

E serras sains, nen sentiras friçon.
Ja n'avras faim, por bosoing ne bevras,
Ja n'avras frait, ja chalt ne sentiras.
Tu iers en joie, ja ne te lasseras,
55 E en deduit, ja dolor ne savras.
Tute ta vie demeneras en joie;
Tut jors serra, nen esterat pas poie.
Jol di a toi, e voil que Eva l'oie;
Se ne l'entent, donc ele s'afoloie.
60 De tote terre avez la seignorie,
D'oisels, des bestes e d'altre manantie.
Petit vus soit, qui vus en porte envie,
Car tote terre vus iert tot tens encline.
En vostre cors vus met e bien e mal:
65 Ki ad tel dun, n'est pas liëz a pal.
Tut en balance or pendez par egal.
Creez conseil, soiez vers mei leal.
Laisse le mal, e si te pren al bien.
Tun seignor aime e ovec lui te tien,
70 Por nul conseil ne gerpisez le mien:
Si tu le fais, ne peccheras de rien.

ADAM:

Grant graces rend a ta benignité,
Ki me formas e me fais tel bunté,
Que bien e mal mez en ma poësté.
75 En toi servir metrai ma volenté.
Tu es mi sires, jo sui ta creature;
Tu me plasmas, e jo sui ta faiture.
[21ᵛ] Ma volenté ne serrad ja si dure
Q'a toi servir ne soit tote ma cure.

---

51 friczion. 52 beueras. 53 aueras. — frait] faim par
bo *ist durchgestrichen, darüber steht von erster Hand* frait.
54 lassaras. 56 demeneuras, u *ist verwischt*. 57 serras, *letztes*
f *ist schräg von links oben nach rechts unten durchgestrichen*.
— estrat. 59 donc safoloie. 62 A petit. — vus porte. 63 Car
tot li mond uus iert encline. 65 agal; *unter g ist ein Punkt,*
darüber steht ein p. 66 orc pendiez. 67 que soiet. 75 *Nach*
metrai *steht noch* met *verblaßt: es ist wohl ausgewischt.*

Tunc figura manu demonstret paradisum Ade, dicens:

80   Adam!

ADAM:

Sire!

FIGURA:

Dirrai toi mon avis.

Veiz cest jardin?

ADAM:

Cum ad nun?

FIGURA:

Paradis.

ADAM:

Mult par est bel.

FIGURA:

Jel plantai e asis.

Qui i maindra, serra li miens amis.

Jol toi comand por maindre e por garder.

Tunc mittet eos in paradisum, dicens:

85 Dedenz vus met.

ADAM:

Purrum i nus durer?

FIGURA:

A toz jorz vivre, rien n'i poëz duter;

Ja n'i porrez murir ne engruter.

Chorus cantet: R̸

Tulit ergo dominus hominem.

---

80 *Nach* Sire *folgt:* F. mon auis te uoil dire. *Das Ganze*
ist durchgestrichen. 81 Veez. 83 *Vor der Zeile steht* A' (=
Adam). — serra mis amis. 27 *Nach* ‚dicens' *folgt:* de cest paradis jardin toi dirrai la nature. de nul delit ni trouerez falture.
nest bien al monde que couoit criature; *das Ganze ist durch-*
gestrichen. 87 en gruter.

30   Tunc figura manum extendet versus paradisum, dicens:
De cest jardin tei dirrai la nature.
De nul delit n'i troverez falture;
90 N'est bien al monde, que covoit criature,
Chescons n'i poisset trover a sa mesure;
E femme d'ome n'i avra pas irur,
Ne hom de femme verguine ne frëur.
Por engendrer n'i est hom peccheor,
95 N'a l'emfanter femme n'i sent dolor.
Tot tens vivras, tant i ad bon estage:
N'i porras ja chanjer li toen eage.
Mort n'i crendras, ne te ferra damage.
Ne voil que isses, ici feras manage.

Chorus cantet: �
Dixit dominus ad Adam.

Tunc monstret figura Ade ar-[22ʳ]bores paradisi, dicens:
100   De tot cest fruit poez manger par deport,

Et ostendat ei vetitam arborem et fructus ejus, dicens:
Cest toi defent, n'en faire altre comfort.
Si en manjues, sempres sentiras mort;
M'amor perdras, mal changeras ta sort.

ADAM:
Jo garderai tot ton comandement,
105 Ne jo ne Eve n'en istroms de nïent:
Por un sol fruit se pert tel chasement.
Droiz est que soie defors jetez al vent,
Por une pome se jo gerpis t'amor
Ja en ma vie, par sens ne par folor.
110 Jugiez doit estre a loi de traïtor,
Que s'i parjure e traïst son seignor.

---

89 de nul delit *ist durchgestrichen.* — trourez. 90 e *von*
monde *ist verwischt.* 92 Femme de home. — aura irur. 93 home.
95 Ne a. 97 chanjer, *über* c *ist ein Punkt.* 99 *Nach* ne *folgt*
nul *durchgestrichen.* 101 Cost. 102 Sen tu en. 105 eisseroms.
109 Que ia.

— 9 —

35 *Tunc vadat figura ad ecclesiam, et Adam et Eva spacientur, honeste delectantes in paradiso. Interea demones discurrant per plateas, gestum facientes competentem; et veniant vicissim juxta paradisum, osten-dentes Eve fructum vetitum, quasi suadentes ei ut*
40 *eum commedat. Tunc veniat diabolus ad Adam et dicet ei:*

Que fais, Adam?

ADAM:
Ci vif en grant deduit.

DIABOLUS:
Estas tu bien?

ADAM:
Ne sen rien que m'enoit.

DIABOLUS:
Poet estre mielz.

ADAM:
Ne puis saver coment.

DIABOLUS:
115 Vols le saver?

ADAM:
Bien en iert mon talent.

DIABOLUS:
Jo sai coment.

ADAM:
E moi que chalt?

DIABOLUS:
E por quei non?

ADAM:
Rien ne me valt.

---

*35 ecclessiam. — Ev*am. 113 me noit. 115 le tu
116. comet. 117 Porquei.

DIABOLUS:

Il te valdra.

ADAM:

Jo ne sai quant.

DIABOLUS:

Nel te dirrai pas en curant.

ADAM:

120 Or le me di.

DIABOLUS:

Non ferai pas,
Ainz te [22ᵛ] verrai del preer las.

ADAM:

N'ai nul bosoing de ço saveir.

DIABOLUS:

Kar tu ne deiz nul bien aver.
Tu as li bien, n'en sez joïr.

ADAM:

125 E jo coment?

DIABOLUS:

Voldras l'oïr?
Jol te dirrai priveement.

ADAM:

— — — — seürement.

DIABOLUS:

Esculte, Adam, entent a moi!
Ço iert tun pru.

ADAM:

E jo l'otrei.

---

120 frai. 122 sauoir; *über o steht von erster Hand ein* e.
124 ne seiez. 125 *Nach* loir *folgte in der Hs. jedenfalls* jol *(der
Anfang des folgenden Verses); es findet sich aber nur noch der
über und unter die Zeile gehende Teil von* j; *die Mitte und
die folgenden Buchstaben sind ausgekratzt.* 126 priueiment.
127 *Hs. keine Lücke.* 128. Escult.

DIABOLUS:

130 Creras me tu?

ADAM:

Oïl, mult bien.

DIABOLUS:

Del tut en tut?

ADAM:

Fors d'une rien.

DIABOLUS:

De quel chose?

ADAM:

Jol te dirrai,
Mon creator pas n'offendrai.

DIABOLUS:

Criens le tu tant?

ADAM:

Oïl, par veir,

135 Jo l'aim e criem.

DIABOLUS:

N'est pas saveir;
Que te poet faire?

ADAM:

E bien e mal.

DIABOLUS:

Molt es entré en fol jornal,
Quant creiz mal te poisse venir.
N'es en gloire? nen poez morir.

ADAM:

140 Deus le m'a dit, que je murrai,
Quant son precept trespasserai.

DIABOLUS:

Quel est cist grant trespassement?
Oïr le voil sens nul entent.

ADAM:

Jol te dirrai tot veirement.
145 Il me fist un comandement:
De tuit le fruit de paradis
Puis jo manger, ço m'a apris,
Fors de sul un; cil m'est defens,
Celui ne tucherai de mains.

DIABOLUS:

150 Li quels est ço?

Tunc erigat manum Adam, et ostendat ei fructum
vetitum, dicens:

ADAM:

Veiz le tu la?
Celui tres bien me devia.

DIABOLUS:

Sez tu por quoi?

ADAM:

Jo certes non.

DIABOLUS:

Jo te dirrai ja l'achaison:
[23ʳ] De l'altre fruit rien ne li chalt,

Et manu ostendat ei fructum vetitum, dicens Adam:

155 Fors de celui qui pent en halt:
Ço est le fruit de sapïence,
De tut saveir done scïence.
Se tul manjus, bon le feras.

─────────────────────────────

150 Veez. 157 saueʰr. 158 *Vor der Zeile steht* D (= Diabolus). — tu le maniues. — fras.

ADAM:

E jo en quei?

DIABOLUS:

Tu le verras.

160 Ti oil serrunt sempres overt,
Quanque deit estre t'iert apert,
Quanque vuldras porras tu faire.
Mult le fait bon vers tei atraire:
Manjue le, si feras bien,
165 Ne crendras pois tun deu de rien;
Ainz serras puis del tut son per:
Por ço le te quidat veer.
Creras me tu? Guste del fruit!

ADAM:

Nel ferai pas.

DIABOLUS:

Or oi deduit.

170 Nel feras?

ADAM:

Non.

DIABOLUS:

Kar tu es soz;
Encor te membrera des moz.

*45 Tunc recedat diabolus, et ibit ad alios demones, et
faciet discursum per plateam, et facta aliquantula
mora, hylaris et gaudens redibit ad temptandum
Adam, et dicet ei:*

Adam, que fais? changes tun sens?
Es tu encore en fol porpens?
Jol te quidai dire l'autr'er,
175 Deus t'a fait ci sun provender,

---

162 porras faire; *nach* porras *steht* uiure *durchgestrichen.*
164 fras. 166 Aienz. 167 le quidat. 169 Nœl frai. — oez.
171 Encore. *46 ficiet.* 172 changeras.

Ci t'ad mis por mangier cest fruit.
As tu donches altre deduit?

ADAM:

O jo, nule rien ne me falt.

DIABOLUS:

Ne munteras jamés plus halt,
180 Molt te porras tenir por chier,
Quant deus t'a fet sun jardenier.
Deus t'a feit gardein de son ort,
Ja ne querras altre deport.
Forma il toi por ventre faire?
185 Altre honor ne te voldra traire?
Escute, Adam, entent [23ʳ] a moi,
Jo te conseillerai en fei,
Que porras estre senz seignor,
E seras per del creatur.
190 Jo te dirrai tute la summe:
Si tu manjues de la pome,

Tunc eriget manum contra paradisum.

Tu regneras en majesté,
Od deu poez partir poësté.

ADAM:

Fui tei de ci.

DIABOLUS:

Que dis, Adam?

ADAM:

195 Fui tei de ci, tu es sathan,
Mal conseil dones.

DIABOLUS: ·

Jo coment?

---

177 donch. 178 Jo oil ne. 185 *nach* uoldra *folgt* il faire
durchgestrichen. — atraire. 186 Escut. 190 durrai. 191 maniues la. 194 dit. 196 E io.

Adam*):

Tu me voels livrer a torment,
Mesler me vols o mun seignor,
Tolir joie, mettre en dolor.
200 Ne te crerrai, fui tei de ci.
Ne soies ja mais tant hardi,
Que tu ja viengez devant moi.
Tu es traïtres e sanz foi.

50 *Tunc tristis et vultu demisso recedet ab Adam et ibit*
usque ad portas inferni, et colloquium habebit cum
aliis demoniis. Post ea vero discursum faciet per
populum; dehinc ex parte Eve accedet ad paradisum,
et Evam leto vultu blandiens sic alloquitur:

Eva, ça sui venuz a toi.

Eva:

205 Di moi, sathan, *e* tu pur quoi?

Diabolus:

Jo vois querant tun pru, t'onor.

Eva:

Ço dunge deu!

Diabolus:

N'aiez pŏur;
Mult a grant tens que j'ai apris
Toz les conseils de paräis;
210 Une partie t'en dirrai.

Eva:

Or le comence, e jo l'orrai.

Diabolus:

Orras me tu?

*) Adam *fehlt.* 199 T. de ioie. 200 te. *51 colloquiam.*
53 accedæt. 54 letu. 205 *statt* e *steht das Sigel* &. 206 tun
honor. 208 io ai. 211 Ore.

EVA:

Si ferai bien,
Ne te curecerai de rien.

DIABOLUS:

Celeras m'en?

EVA:

Oïl, par foi.

DIABOLUS:

215 Iert descovert?

EVA:

Nenil [24ʳ] par moi.

DIABOLUS:

Or me mettrai en ta creance,
Ne voil de toi altre fiance.

EVA:

Bien te pois creire a ma parole.

DIABOLUS:

Tu as esté en bone escole;
220 Jo vi Adam, mais trop est fols.

EVA:

Un poi est durs.

DIABOLUS:

Il serra mols.
Il est plus dors que n'est emfers.

EVA:

Il est mult francs.

DIABOLUS:

Ainz est mult sers.
Cure nen voelt prendre de soi;

---

212 frai. 213 curcerai. 218 a ta. 223 serf.

225 Car la prenge sevals de toi.
    Tu es fieblette e tendre chose,
    E es plus fresche que n'est rose;
    Tu es plus blanche que cristal,
    Que neif que chiet sor glace en val;
230 Mal cuple em fist li criator:
    Tu es trop tendre e il trop dur;
    Mais neporquant tu es plus sage,
    En grant sens as mis tun corrage.
    Por iço fait bon traire a toi.
235 Parler te voil.

EVA:
    Ore i ait fai.

DIABOLUS:
N'en sache nuls.

EVA:
    Kil deit saver?

DIABOLUS:
Neïs Adam.

EVA:
    Nenil par veir.

DIABOLUS:
    Or te dirrai, et tu m'ascute!
    N'a que nus dous en ceste rote,
240 E Adam la, qui ne nus ot.

EVA:
    Parlez en halt, n'en savrat mot.

DIABOLUS:
    Jo vus acoint d'un grant engin,
    Que vus est fait en cest gardin.

---

225 *Das* a *von* la *ist schräg von oben rechts nach unten links durchgestrichen.* 230 culpe. 234 co. 236 Ki le. 237 *par* moi. 240 quil. 241 molt.

Le fruit que deus *vus* ad doné,
245 Nen a en soi gaires bonté;
Cil qu'il *vus* ad tant defendu,
Il ad en soi mult grant vertu.
En celui est grace de vie,
De poësté, de seignorie,
250 De tut saver, e bien e mal.

EVA:

Quel savor a?

DIABOLUS:

Celestial.
A ton bel cors, a ta figure,
Bien covendreit tel aventure,
Que tu fusses dame del mond,
255 Del soverain e del parfont,
[24ᵛ] E seüsez quanque a estre,
Que de tuit fuissez bone maistre.

EVA:

Est tel li fruiz?

DIABOLUS:

Oïl, par voir.

55 *Tunc diligenter intuebitur Eva fructum vetitum, quo
diu eius intuitu dicens:*

Ja me fait bien sol le veer.

DIABOLUS:

260 Si tul mangues, que feras?

EVA:

E jo, que sai?

DIABOLUS:

Ne me crerras?

---

247 soi grant.   249 e de.   250 sauer bien.   252 bels.
253 *nach* couendreit *steht* a ta figure *durchgestrichen.*   56 *nach*
eius folgt introitu durchgestrichen.   260 tu le.

Primes le pren, Adam le done.
Del ciel avrez sempres corone,
Al creator serrez pareil,
265 Ne *vus* purra celer conseil;
Puis que del fruit avrez mangié,
Sempres *vus* iert le cuer changié;
O deu serrez vus, sanz faillance,
D'egal bonté, d'egal puissance.
270 Guste del fruit!

EVA:

Jo'n ai regard.

DIABOLUS:

Ne creire Adam.

EVA:

Jol ferai.

DIABOLUS:

Quant?

EVA:

— — — — — suffrez moi
Tant que Adam soit en recoi.

DIABOLUS:

Manjue le, n'aiez dutance,
275 Le demorer serreit emfance.

Tunc recedat diabolus ab Eva, et ibit ad infernum.
Adam vero veniet ad Evam, moleste ferens quod cum
ea locutus sit diabolus, et dicet ei:

Di moi, muiller, que te querroit
Li mal satan? que te voleit?

EVA:

Il me parla de nostre honor.

---

262 e a Adam. 263 auerez. 268 deus serrez sanz. 269
De egal *beidemal.* 270 Io nai. 272 *in Hs. keine Lücke.*
275 serrat. *58 ēe.*

2*

ADAM:

Ne creire ja le traïtor.
280 Il est traïtre, bien le sai.

EVA:

E tu coment?

ADAM:

Car l'esaiai.

EVA:

De ço qu'en chalt me del veer,
Il te ferra changer saver.

ADAM:

Nel fera pas, car nel crerai
285 De nule rien tant que l'asai.
Nel laisser mais venir sor toi,
[25ʳ] Car il est mult de pute foi.
Il volst träir ja son seignor,
E s'oposer al deu halzor;
290 Tel paltonier qui ço ad fait,
Ne voil vers vus ait nul retrait.

*60 Tunc serpens artificiose compositus ascendit juxta
stipitem arboris vetite. Cui Eva propius adhibebit
aurem, quasi ipsius ascultans consilium; dehinc accipiet Eva pomum, porriget Ade. Ipse vero nondum
eum accipiet, et Eva dicet ei:*

Manjue, Adam! ne sez que est.
Pernum ce bien que nus est prest.

ADAM:

Est il tant bon?

EVA:

Tu le savras;
295 Nel poez saver si'n gusteras.

─────────────

280—282 EVA: Bien le sai. ADAM: E tu coment? EVA:
Car io sai oi. De co quen chat. *284 Vor der Zeile steht E*
(= Eva); Adam *fehlt.* — fra. 286 *ror der Zeile steht* A (= Adam).
289 des. 291 uoil que uers. *61 uetito. — proprius. — ad-
hibebebit. 64 eam.* 293 co. 294 saueras.

ADAM:

J'en duit.

EVA:

Fai le!

ADAM:

Nen ferai pas.

EVA:

Del demorer fais tu que las.

ADAM:

E jol prendrai.

EVA:

Manjue t'en!
Par ço savras e mal e bien.
300 Jo'n manjerai premirement.

ADAM:

E jo aprés.

EVA:

Seürement.

65 Tunc commedat Eva partem pomi, et dicet Ade:

Gusté en ai; deus! quel savor!
Unc ne tastai d'itel dolçor!
D'itel savor est ceste pome —

ADAM:

305 De quel?

EVA:

D'itel nen gusta home.
Or sunt mes oil tant cler veant,
Jo semble deu le tuit puissant;
Quanque fu e quanque doit estre
Sai jo trestut, bien en sui maistre.

---

296 Lai. — frai. 297 fai. 298 io le. 299 saueras. 300 *Vor*
Jo *steht noch* E, *das wohl* Eva *bedeutet.* Jo en. 302 quele.
303 sauor, *darüber steht* dolc. 308 e *fehlt.*

310 Manjue, Adam, ne fai demore,
Tu le prendras en mult bone ore.

Tunc accipiet Adam pomum de manu Eve, dicens:

ADAM:

Jo t'en crerrai, tu es ma per.

EVA:

Manjue t'en, nen poez doter.

*Tunc commedat Adam partem pomi; quo comesto
cognoscet statim peccatum suum [25ʳ] et inclinabit se.
Non possit a populo videri; et exuet sollempnes vestes,*
70 *et induet vestes pauperes consutas foliis ficus et
maximum simulans dolorem incipiet lamentationem
suam:*

Allas! peccheor, qu'ai jo fait?
315 Ore sui mort sanz nul retrait.
Senz nule rescuse sui mort,
Tant est chaeite mal ma sort.
Mal m'est changee m'aventure;
Mult fu ja bone, or est mult dore.
320 Jo ai guerpi mun criator
Par le conseil de male uxor.
Allas pecchable, que ferai?
Mun criator cum atendrai?
Cum atendrai mon criator,
325 Que j'ai guerpi por ma folor?
Unches ne fis tant mal marchié;
Or sai jo ja que est pecchié.
Ha mort! por quoi me laisses vivre?
Que n'est li mond de moi delivre?
330 Por quoi faz encombrer al mond?

---

310 faz. 311 bon. 312 crerra. 313 t'en *fehlt. 67 pomum.*
71 *incipiens.* 314 *Mit dieser Zeile beginnt und geht bis zum
Schluſs die Scheidung der Verse nach Zeilen, während vorher
fortlaufend wie Prosa geschrieben war.* pecchor — que ai.
315 Or. 316 nul rescus. — sui io. 317 chaite. 318 change ma
au. 321 *nach* le *folgt* mal *durchgestrichen.* — mal. 322 frai.
325 io ai. 328 Ai mort. 329 monde.

D'emfer m'estoet tempter le fond.
En emfer serra ma demure,
Tant que vienge qui me sucure.
En emfer si irrai ma vie:
335 Dont me vendra iloc aïe?
Dont me vendra iloec socors?
[26ʳ] Ki me trara d'ites dolors?
Por quei vers mon seignor mesfis?
Ne me deit estre nul amis.
340 Non iert nul que gaires me vaille.
Jo sui perdu senz nule faille.
Vers mon seignor sui si mesfait,
Nen puis od lui entrer em plait;
Car jo ai tort e il ad droit.
345 Deu! tant a ici malvais plait!
Chi avrad mais de moi memorie?
Car sui mesfet au roi de gloire.
Au roi del ciel sui si mesfait,
De raison n'ai vers lui un trait,
350 Ne n'ai ami ne nul veisin,
Qui me traie del plait a fin.
Qui preierai jo que m'aït,
Quant ma femme m'a si traït,
Qui dex me dona por pareil?
355 Ele me dona mal conseil.
Aï! Eve!

Tunc aspiciet Evam uxorem suam et dicet:

Femme desvee!
Mare fussez *vus* de moi nee!
Car arse fust iceste coste
Qui m'ad mis en si male poste!
360 Car fust la coste en fu brudlee,
Qui m'ad basti si grand meslee!

---

334 si urai.   337 *das obere Stück von* ſ *in* iteſ *ist abgeschnitten; es kann daher auch* itel *gewesen sein.*   340 gaires
uaille.   343 puis contre lui.   345 ci mal plait.   351 trai.   352 io
ia qui.   353 ma trait.   356 Ai femme deauee.   357 Mal.
358 fust arse.   359 poeste.

Quant cele coste de moi prist,
[26ᵛ] Por quei ne l'arst e moi oscist?
La coste ad tut le cors traï,
365 E afolé e mal bailli.
Ne sai que die ne ke face;
Si ne me vient del ciel la grace,
Nem puis estre gieté de paine:
Tel est li mals que me demaine.
370 Aï, Eve! Cum a male ore
La grant peine me curut sore,
Quant onches fustes mi parail.
Or sui perriz par ton conseil.
Par ton conseil sui mis a mal,
375 De grant haltesce mis a val.
N'en serrai trait por home né,
Si deu nen est de majesté.
Que di jo? Por quoi le nomai?
Il m'aidera. Corocé l'ai.
380 Ne me ferat ja nus aïe,
For le filz qu'istra de Marie.
Ne sai de nus prendre conroi,
Quant a deu ne portames foi.
Or en soit tot a deu plaisir,
385 N'i ad conseil que del morir!

Tunc incipiat chorus: Rɥ.

75   **Dum deambularet.**

Quo dicto veniet figura stolam habens et ingredietur paradisum circumspiciens, quasi quereret ubi esset Adam. Adam vero et Eva latebunt in angulo paradisi, quasi suam cognoscentes miseriam, et dicet
80 *f*igura:

Adam, ou es?

---

364 tra. 366 sa. — ken. 370 mal. 371 Cume g. — curⁿt.
373 Ore. 375 sui mis. 378 io las. 379 me aidera. 380 nulaie.
381 que istra. *76 stola. 77 circumspicientes. 79 miseram.*
386 A. ubi es.

Tunc ambo surgent · stantes contra figuram non tamen omnino erecti, sed ob verecondiam sui peccati aliquantulum curvati et multum tristes, et respondeat Adam:

       Ci sui, beal sire,
Repost me sui jo ja por t'ire,
E por iço que sui tut nuz,
Me sui jo ici embatuz.

FIGURA:

390 Ke as tu fet? cum as erré?
     Qui t'a toleit de ta bonté?
     Que as tu fet? por quei as honte?
     Cum entrerai od toi en conte?
     Tu nen avoies rien l'autr'ier,
395 Dont tu deüses vergugnier;
     Ore te voi mult triste e morne:
     Mal s'enjoïst qui'nsi sojorne.

ADAM:

     Tel vergoine ai, sire, de toi,

—   —   —   —

FIGURA:

     .E tu por quoi?

ADAM:

400 Si grant honte mon cors enlace,
     Que ne t'os veer en la face.

FIGURA:

     Por quei trespassas mon devé?
     I as tu gaires gaainnié?
     Tu es mon serf, e jo ton sire.

---

386 sui io. — *nach* beal *folgt* sui *durchgestrichen.* 387 sui ia — ta ire. 388 co. 389 ici si. 389 *Vor dieser Zeile sowie vor* 393 *steht* f (= Figura), *vor* 392 a (= Adam) *von oben rechts nach unten links durchgestrichen; dafür sind sie auf die andere Seite der Zeile geschrieben.* 394 ne nauois. 395 duses uergunder. 396 Or. 397 qui· ensi. 398 ai io. 401 Ne. 402 deuoi, *darüber* e. 403 As. — gainnie.

ADAM:

405 Jo nel te puis pas contredire.

FIGURA:

Jo te formai a mon semblant:
Por quei trespassas mon comant?
[27ʳ] Jo te plasmai dreit a m'ymage:
Por ço me feïs cel oltrage;
410 Mun defens un pas ne gardas,
Delivrement le trespassas.
Le fruit manjas, dunt jo t'oi dit,
Que jo t'avoie contredit.
Por ço quidas estre mon per;
415 Ne sai si tu voldras gabber.

*85 Tunc Adam manum extendet contra figuram, post ea
contra Evam dicens:*

La femme que tu me donas,
Ele fist prime icest trespas;
Donat le moi, e jo mangai:
Or m'est vis, tornez est a gwai.
420 Mal acontai icest mangier:
Jo ai mesfait par ma moiller.

FIGURA:

Ta moiller creïs plus que moi,
Manjas le fruit sanz mon otroi;
Or te rendrai tel gueredon:
425 La terre avrat maleïçon,
Ou tu voldras ton ble semer,
El te faldrat al fruit porter,
Et maleeite iert soz ta main,
Tu la cotiveras en vain.
430 Son fruit a toi deveerat,
Espins e chardons te rendrat,

---

405 Nel. 408 toi. — ma ymage. 409 fis. *85 manu. 86 Eva.*
419 auis que. — agwai. 422 creistes. 424 itel guerdon. 427 Il.
428 Ele est maleite sor. 429 le.. 430 deuendrat. 431 Espines.

Changer te voldra ta semence,
Maleaite iert por ta sentence.
[28ʳ] Od grant travail, od grant hahan,
435 Toi covendra manger ton pan;
Od grant paine [e] od grant suor,
Vivras tu tot tens, noit e jor.

*Tunc figura vertet se contra Evam et minaci vultu
ei dicet:*

Et tu, Eve, male muiller,
Tost me començas guerreer,
440 Poi tenis mes comandemenz.

Eʋɑ:

Ja m'engingna li mal serpenz.

Fɪɢuʀɑ:

Par lui quidas estre mon per;
Ses tu ja bien adeviner?
Or einz avïez la maistrie
445 De quanque doit estre en la vie:
Cum l'as tu ja si tost perdue!
Or te voi triste e mal venue;
I as tu fet gaain ou perte?
Jo toi rendrai bien ta deserte,
450 Jo t'en donrai por ton servise;
Mal te vendra en tote guise.
En dolor porteras emfanz,
E em paine vivront lor anz.
Tes emfanz en dolor naistront,
455 En grant anguisse finerunt.
En tel hahan, en tel damage,
As mis e toi e tun lignage;
Toit iceals qui de toi istront,
Li toen pecché deploreront.

---

433 Malait.   437 tu noit.   438 mala.   439 de guerreer.
443 deuiner.   445 en uie.   448 As. — gain.   449 rendrai ta.
453 tot lor.   454 Test.   455 E en.   457 mis toi.   458 ceals.
459 ploreront.

[28ᵛ] *Et respondebit Eva dicens:*

EVA:

460   Jo sui mesfaite, ço fu par mon folage
Por une pome soffrirai grant damage.
Qu' en paine met e moi e mon lignage.
Petit aquest me rent grant traüage.
Si jo mesfis, ne fu merveille grant,
465 Quant traï moi le serpent suduiant.
Mult set de mal, nen semble pas öeille;
Mal est bailliz qui a lui se conseille.
La pome pris, or sai que fis folie,
Sor ton defens; de ço fis folonie;
470 Mal en gustai; or sui de toi haïe:
Por poi de froit covient perdre la vie.

90 Tunc minabitur figura serpenti dicens:

E tu serpent, sois maleeit!
De toi reprendrai bien mon droit.
Sor ton piz te traïneras,
475 A tuz les jors que ja vivras.
La puldre iert tut dis ta viande
En bois e en plain e en lande.
Femme te portera haïne,
Oncore t'iert male veisine.
480 Tu son talon aguaiteras,
Cele te sachera le ras;
Ta teste ferra d'itel mail
Qui te ferra un grant travail.
·Encore en prendra bien conrei
485 ·Cum se porra vengier de toi.
[29ʳ] Mal acointas tu sun traïn,
El te fera le chief enclin;

---

460 Go sui mesfait. — par folage. 461 si grant. 462 Que
en p. met moi. 468 pomo. 469 folienie, *darüber* o. 471 moi
couient. *90 serpentis.* 472 serpet. — soiez maleit. 473 to.
475 uiueras. 477 bois en plain en. 479 te iert. 482 de itel. 483
un *unleserlich.* — trauil. 485 Cum porra. 487 Ele. — fra.

Oncor raïz de lui istra,
Qui totes vertuz confundra.

Tunc figura expellet eos de paradiso dicens:

490 Ore issez hors de paradis,
Mal change avez fet de païs.
En terre *vus* ferez maison:
En paradis n'avez raison.
N'i avez rien que chalengier.
495 Fors en istrez sen recovrer;
N'i avez rien par jugement.
Or pernez aillors chasement.
Fors issez de bon' aürté;
Ne *vus* falt mais faim ne lasté,
500 Ne *vus* falt mais dolor ne paine,
A toz les jors de la semaine.
En terre avrez malvais sojor,
Aprés morrez al chief de tor;
Des pois qu'avrez gustee mort,
505 En emfer irrez sanz deport.
Ici avront les cors eissil,
Les almes en emfern peril.
Satan *vus* avra en baillie.
N'est hom que *vus* en face aïe,
510 Par cuï soiez *vus* ja rescos,
Se moi ne*n* prent pité de vus.

Chorus cantet: R.*y.*

In sudore vultus tui.

[29^r] *Interim veniet angelus albis indutus, ferens ra-*
95 *dientem gladium in manu, quem statuet figura ad*
portam paradisi et dicet ei:

Gardez moi bien le paradis,
Que mais ni entre icist faidis,

---

488 Oncore. 489 toz tes. 490 isse. 492 frez. 495 Fors
isterez. — recouerer. 498 en issez. 499 lassete. 504 auerez. —
guste. 511 prenge. 513 faudis.

Qu'il n'ait mais poeir ne baillie
515 Nes de tocher li fruit de vie;
O cele spee qui flambloie,
Si li defendez bien la voie.

Cum fuerint extra paradisum, quasi tristes et con-
fusi, incurvati erunt solo tenus super talos suos, et
figura manu eos demonstrans versa facie contra para-
100 *disum; et chorus incipiet:* R𝜓

Ecce Adam quasi unus.

Quo finito et figura regredietur ad ecclesiam.
Tunc Adam [habebit] fossorium et Eva rostrum, et
incipient colere terram et seminabunt in ea triticum.
105 *Postquam seminaverint, ibunt sessum in loco ali-*
quantulum, tanquam fatigati labore, et flebiliter re-
spicient sepius paradisum, percucientes pectora sua.
Interim veniet diabolus et plantabit in culturam eorum
spinas et tribulos et abscedet. Cum venient Adam et
110 *Eva ad culturam suam et viderint ortas spinas et*
tribulos, vehementi dolore percussi prosternent se in
terra [30r] *et residentes percucient pectora sua et*
femora sua, dolorem gestu fatentes; et incipiet [Adam]
lamentacionem suam:

Allas! chaitif, tant mal vi unches l'ore,
Que mes pecchez me sunt si coru sore,
520 Que jo guerpi le seignor qu'om aüre;
Qui requerra ja mes qu'il me socore?

115 *Hic respiciat Adam paradisum et ambas manus suas*
elevabit contra eum, et caput pie inclinans dicet:

Oh paradis, tant par es bel maner!
Vergier de glorie, tant vus fet bel veer!

---

515 Ne. 516. 517 o *von* flambloie *und* uoie *ist über die*
Zeile von erster Hand geschrieben. — tres bien. *97 fuerit.*
100 corum. 104 incipiet. 106 fatigari. 108 cultura. 113 gestum.
— *fatē | tentes.* 519 sunt coru. 520 que hom. *116 capud.*
— *dicens.* 522 Oi. — tant bel.

Jetez en sui *par* mon pecchié *par* voir:
525 Del recovrer tot ai perdu l'espoir.
    Jo fui dedenz, n'en soi gaires joïr,
Creï conseil chi me fist tost partir;
Or m'en repent, droit est que m'en aïr.
Ço est a tart, rien nen valt mon sospir.
530   Ou fu mon sens, que devint ma memoire,
Que por satan guerpi le roi de gloire?
    Or m'en travail, si m'en valt mult petit,
Li mien pecchié iert en estoire escrit.

Tunc manum contra Evam levabit, que aliquan-
tulum alto erit remota, et cum magna indignacione
movens caput dicet ei:

    Oi, male femme, plaine de traïson!
535 Tant m'as tu mis tost en perdicion,
Cum me tolis le sens e la raison!
[30ᵛ] Or m'en repent, ne puis aver pardon.
    Eve dolente, cum fus a mal delivre,
Quant vus creütes si tost conseil de guivre.
540 Par toi sui mort, si ai perdu le vivre;
Li toen pecchié ierent eiscrit en livre.
    Veiz tu le signes de grant confusion?
La terre sent nostre maleïçon;
Forment semames, or i naissent chardon;
545 De nostre malveisté — — — —
    — — — — — — le comencement
Ço'st grant dolors; mais grainior nus atent.
Menez en iermes en emfer; la, c'entent,
Ne nus faldra ne poine ne torment.
550   Eve chaitive, que t'en est a vïaire?
Cest as conquis, donez t'est en duaire.

---

528 qui. 532 *Das zweite a von* trauail *steht über der*
Zeile. 117 Eva. 119 dicens. 535 mas mis. 539 Quant creutes.
— de la. 540 si *über* e. 541 iert. 542 Veez. 543 la nostre.
545, 46 *In der Hs. ist keine Lücke.* 547 Co est nostre grant.
548 en serrums en e. la co entent.

Ja ne savras vers home bien atraire.
Mes a raison serras tot tens contraire.
Tuz cels qu'istront de la nostre lignee,
555 Del toen forfait sentiront la hascee;
Tu forfeïs, a toz eals est jugee.
Mult tarzera por qui ele iert changee.

120   Tunc respondeat Eva ad Adam:
Adam bel sire, mult m'avez blastengee,
Ma vilainnie retraite e reprochee.
560 Si jo mesfis, jo'n suffre la hascee;
Jo sui copable, par deu serrai jugee.
Jo suis vers deu e vers toi mult mesfeite,
Ma malveistié mult iert longe retraite.
Ma culpe est grant, mes pecchiez me dehaite.
565 [31ʳ] Chaitive sui, de tut bien ai suffraite.
Nen ai raison que vers deu me defende,
Que peccheriz culpable ne me rende.
Pardonez moi, kar ne puis faire amende.
Si jo poeie, jo l'en fereie offrende.
570 Jo peccheriz, jo lasse, jo chaitive!
Por mon forfet sui vers deu si eschive;
Mort, car me pren! Ne suffrez que jo vive!
Em peril sui, ne puis venir a rive.
Li fel serpent, la guivre de mal' aire,
575 Me fist mangier la pome de contraire.
Jo t'en donai, si quidai por bien faire;
Mis t'en pecchié dont ne te pois retraire.
Por quei ne sui al criator encline?
Por quei ne tien, sire, ta discipline?
580 Tu mesfesis; mes jo sui la racine
De nostre mal, loing en est la mescine.

---

552 saueras.   554 que istront. — de nostre.   556 forfis.
557 tazera *ist undeutlich,* t *scheint korrigiert zu sein.* — il.
558 aue blastenge.   559 reproche.   560 io en.   562 mesfe̗te.
563 Le mien mesfait.   568 le moi.   569 io frai par o.   571 Por
forfet. — sui io.   572 que me; *darüber steht* car. — suffret.
577 E mis toi.   579 tien io sire.   581 long nest.

Le mien mesfait, ma grant mesaventure,
Compera chier la nostre engendreore.
Li fruiz fu dulz, la paine est grant e dure.
585 Mal fu mangiez, nostre en iert la fraiture.
Mais neporquant en deu est ma sperance
D'icest mesfait; char tot iert acordance.
Deus me rendra sa grace e sa mustrance,
Gieter *nus* voelt d'emfer par sa pussance.

Tunc veniet diabolus et tres vel quatuor diaboli
cum eo, deferentes in manibus catenas et vinctos
ferreos, quos ponent in colla Ade et Eve. [31ᵛ] *Et*
quidam eos inpellent, alii eos trahent ad· infernum;
125 *alii vero diaboli erunt iuxta infernum obviam ve-*
nientibus et magnum .tripudium inter se facient de
eorum perdicione; et singuli alii diaboli illos venien-
tes monstrabunt, et eos suscipient et in infernum
mittent; et in eo facient fumum magnum exsurgere
130 *et vociferabuntur inter se in inferno gaudentes, et*
collident caldaria et lebetes suos, ut exterius audian-
tur. Et facta aliquantula mora exibunt diaboli dis-
currentes per plateas; quidam vero remanebunt in
inferno.

135 *Deinde veniet Chaym et Abel. Chaym sit indutus*
rubeis vestibus, Abel vero albis, et colent terram pre-
paratam; et cum aliquantulum a labore requieverit,
alloquatur Abel Chaym fratrem suum blande et ami-
cabiliter, dicens ei:

590 Frere Chaym, *nus* sumes dous germain,
E sumes filz del home premerain:

---

584 est dore, *über* o *steht ein* u *von erster Hand.* 585 en
fehlt. 589 uoldra demfer par p. *122 chatenas. 124 inpellunt;*
darüber steht a; *unter* u *ein Tilgungszeichen. — Dasselbe Zeichen*
steht unter dem u *von trahunt. 126 faciunt. 128 suscipiunt;*
unter dem zweiten u *stehen 2 Punkte, darüber steht* e. *129 exur-*
gere. 131 statt ri *in caldaria kann auch* n *gelesen werden.*
133 discucientes. 134 infernum. 135 Chaym Abel.

Romanische Bibl. Das Adamsspiel.

Ce fu Adam, la mere ot non Evain;
De deu servir ne seom pas vilain.
   Seum tot tens subject al criator,
595 Ensi servum que conquerroms s'amor,
Que nos parenz perdirent par folor.
   Entre nos dous si soit bien ferm' amor,
     Si servum deu que li vienge a plaisir;
Rendom ses droiz, nen soit riens del tenir.
600 Se de bon cuer le voloms obeïr,
[32ᵃ] N'avront nos almes ja poür de perir.
   Donum sa disme e tute sa justise,
Primices, dons, offrendes, sacrifice;
Si del tenir nos prent acoveitise,
605 Perdu serroms en emfer sen devise.
   Entre nos deus ait grant dilection;
N'i soit envie, n'i soit detraction;
Por quei avra entre *nus* dous tençon?
Tote la terre nos est mis' a bandon.

*140 Tunc respiciet Chaym fratrem suum Abel, quasi
subsannans, et dicet ei:*

610   Beal frere Abel, bien savez sermoner,
Vostre raison asaer. e mustrer;
Vostre doctrine, qui la voille escoter,
En poi de jorz avra poi que doner.
   Disme doner ne me vint onc a gre.
615 Del toen aver poez faire ta bonté,
E jo del mien ferai ma volenté;
Par mon mesfait ne serras tu dampné.
   De *nus* amer nature *nus* enseigne,
Entre nos dous nen ait nul *que* se feigne.
620 Qui entre *nus* comencera la guerre,
Tres bien l'achat, ke droiz est qu'il s'en pleigne.

---

597 nos si.   601 aueront. — almes pour. 603 Primices
offrendes dons sacrifice. *141 quasi subsans.* 612 qsi *est* quil.
614 onches. 616 frai. 619 nait nul. 621 la chat.

Iterum alloquatur Abel fratrem suum Chaym; quo micius solito respondit, dicet Abel:

Chaïm, bel frere, entent a moi.

CHAIM:

Volentiers, ore di de quoi?

ABEL:

[32ᵛ] Ço'st de ton pru.

CHAIM:

Tant m'est plus bel.

ABEL:

625 Nen fai ja envers deu revel,
Ne n'aie envers lui ja orguil,
Jo t'en chasti.

CHAIM:

Jo bien le voil.

ABEL:

Crei mon conseil, aloms offrir
A dampne deu por lui plaisir.
630 S'il est envers nos apaiez,
Ja mais ne nus prendra pecchiez,
Ne sor nus ne vendra tristor:
Mult fait bon porchacer s'amor.
Aloms offrir a son alter
635 Tel don qu'il voille regarder;
Preom lui qu'il nus doinst s'amor,
E nus defende noit e jor.

*Tunc respondebit Chaim quasi placuerit ei consi-
145 lium Abel, dicens:*

Bel frere Abel, mult as bien dit,
Icest sermon as bien escrit,

---

623 ore de de. 624 Co est. 625 uers. 626 Nen aez e. l. o.
— en *von* enuers *steht über der Zeile.* 628 Creez (cree *ist unterpunktiert*). 630 uers. — i *von* apaiez *steht über der Zeile.*
631 Ja ne. 634 altier. 635 qué il. 637 de mal noit.

3*

640 E jo crerai bien ton sermon.
Alom offrir, bien est raison.
Qu'offriras tu?

ABEL:

Jo un agnel,
Tuit le meillor e le plus bel
Que porrai trover a l'ostel;
645 Cel offrirai, n'en ferai el,
Et si lui offrirai encens.
Or vus ai dit tot mon porpens.
[33ʳ] Tu qu'offriras?

CHAIM:

Jo de mon ble,
Itel cum dex le m'a doné.

ABEL:

650 Iert del meillor?

CHAIM:

Nenil por voir;
De cel ferai jo pain al soir.

ABEL:

Tel offrende n'est aceptable.

— — — —

CHAIM:

Ja est ço fable.

ABEL:

Riches hom es e mult as bestes.

CHAIM:

655 Si ai.

ABEL:

Car contez toit par testes,
E de totes donez la disme!

---

642 Quoi o. 645 Icel. — frai. 646 Si lui. 648 que of.
652 nest pas. 653 *keine Lücke*. 655 Si ai. Por *quei* ne contes.
656 totes donez las dismes; d *und* z *von* donez *stehen über der*
Zeile; ſ *von* las *ist korrigiert und steht dicht an* a; *das letzte*
s *von* dismes *ist größer als die übrigen Buchstaben.*

Si offriras **a** deu maïme;
Offrez le a lui de bon cuer,
Si en recevras bon luër.
· 660 Feras ensi?

CHAIM:

Or oi furor ....
De dis ne remaindront que noef.
Icist conseil ne vealt un oef.
Alom offrir a lui de ça,
Chescons par soi ço qu'il voldra.

ABEL:

665 E jo l'otrei. — — —

Tunc ibunt ad duos magnos lapides qui ad hoc
erunt parati. Alter ab altero lapide erit remotus, ut
cum aparuerit figura, sit lapis Abel ad dexteram
eius, lapis vero Chaim ad sinistram. Abel offeret
150 *agnum et incensum, de quo faciet fumum ascendere.*
Chaym of-[33ᵛ]ferret maniplum messis. Apparens
itaque figura benedicet munera Abel et munera vero
Chaym despiciet. Unde post oblacionem Chaym
torvum vultum geret contra Abel et factis oblacionibus
155 *suis ibunt ad loca sua. Tunc veniet Chaym ad*
Abel, volens educere callide eum foras ut occidat, et
dicet ei:

Bel frere Abel, issum ça fors!

ABEL:

Por quoi?

CHAIM:

Por deporter nos cors
E reguarder nostre labor,
Cum sunt creü, s'il sunt em flor.

___

657 maimes. 658 le lui. 659 Si receuras. 660 Fras le tu.
⇀ oez. 663 offrir de. 664 soi qu'il.. 665 *keine Lücke.* 148
aparruerit. 152 benedicens. 156 callide foras. 668 E por.

670 E as prez puis nos en irrums,
     Plus legier aprés en serroms.

ABEL :

J'irrai od toi, ou tu voldras.

CHAIM :

Or en vien donc, bon le feras.

ABEL :

     Tu es mi freres li ainez,
675 Jo ensivrai tes volentez.

CHAIM :

Or va avant, j'irrai aprés
Le petit pas, a grant relais.

Tunc ibunt ambo ad locum remotum et quasi se-
cretum, ubi Chaim quasi furibundus irruet in Abel
160 *volens eum occidere, et dicet ei :*
     Abel, morz es.

ABEL :

         E jo por quoi?

CHAIM :

Jo m'en voldrai vengier de toi.

ABEL :

680 Sui jo mesfait?

CHAIM :

         Oïl, asez!
Tu es traîtres tot provez.

ABEL :

Certes non sui.

CHAIM :

Dis tu que non?

---

670 As. — puis en.   671 leegier.   672 Jo irrai ouec toi.
673 donc e bon. — fras.   675 en s.   676 io irrai.

ABEL:

Unches n'amai jo traïson.

CHAIM:

[34ʳ] Tu la fesis!

ABEL:

E jo coment?

CHAIM:

685 Tost le savras.

ABEL:

Jo ne l'entent.

CHAIM:

Jol toi ferai mult tost savoir.

ABEL:

Ja nel porras prover por voir.

CHAIM:

La prove est pres.

ABEL:

Deus m'aidera.

CHAIM:

Jo t'occirai.

ABEL:

Deu le savra.

Tunc eriget Chaim dextram minacem contra eum, dicens:

690 Vei ci qui fera la provence.

ABEL:

En deu est tote ma fiance.

---

683 amai de fere tr. 684 las. — *hinter* i *von* fesis *steht ein* Punkt. 685 saueras. — lentenc. 686 frai. 689 *Bei* te occirai *Verweisungszeichen auf am Rand stehendes* ades. 690 Veez ici la. — fra. — *prouent* ce.

CHAIM:

Vers moi t'avra il poi mestier.

ABEL:

Bien te poet faire destorber.

CHAIM:

Ne te porra de mort guenchir.

ABEL:

695 Del tut me met a son plaisir.

CHAIM:

Vols oïr por quoi t'oscirai?

ABEL:

Or le me di.

CHAIM:

Jol toi dirrai:
Trop te faïs de deu privé,
Por toi m'a il tot refusé,
700 Por toi refusa il m'offrende.
Pensez vus donc que nel te rende?
Jo t'en rendrai le gueredon:
Mort remaindras oi au sablon.

ABEL:

Si tu m'ocïes, c'iert a tort,
705 Deu vengera en toi ma mort.
Ne mesfis rien, deu le set bien,
Vers lui ne te meslai de rien;
Ainz te dis que fesis tel faiz,
Que fuissez digne de sa paiz;
710 [34ʳ] A lui rendisez ses raisons,
Dons, primices, oblacions:
Por ço porrez aver s'amor.
Tu nel faïs, or as iror.

---

694 Ne porra. 696 te oscirai. 697 di porquoi. 700 ma
offrende. 704 co iert. 706 mesfis deu. 711 Dimes primices.

Dex est verais; qui a lui sert,
715 Tres bien l'emplie, pas nel pert.

CHAIM:

Trop as parlé, sempres morras.

ABEL:

Frere, que dis? tu me minas,
Jo vinc ça fors en ta creance.

CHAIM:

Ja ne t'avra mestier fiance.
720 Jo t'oscirai, jo toi defi.

ABEL:

Deu pri qu'il ait de moi merci.

*Tunc Abel flectet genua ad orientem; et habebit
ollam coopertam pannis suis, quam percusciet Chaim,*
165 *quasi ipsum Abel occideret. Abel autem iacebit pro-
stratus, quasi mortuus.*

Chorus cantabit: R♭
Ubi est Abel, frater tuus?

Interim ab ecclesia veniet figura ad Chaym, et
170 *postquam chorus finierit responsum, quasi iratus
dicet ei:*

Chaïm, u est ton frere Abel?
Es tu ja entrez en revel?
Commencié as vers moi estrif,
725 Or me mostre ton frere vif.

CHAIM:

Que sai jo, sire, ou est alez,
S'est a maison ou a ses blez?
Jo por quoi le deie trover?
Ja nel devoie jo garder.

714 Deux. 716 parole. 720 toi oscirai. 721 A deu.
164 que *percusciet. eam quasi ipsam.* 724 Tu as comencio.
728 dei. 729 io pas garder.

FIGURA:

730 Qu'en as tu fet? ou l'as tu mis?
[35ʳ] Jo sai tres bien, tu l'as occis.
Son sanc en fait a moi clamor,
Al ciel me vint ja la rimor.
Mult en faïs grant felonie,
735 Maleeit en iers tote vie.
Tot jorz avras maleïçon:
A tel mesfait tel gueredon.
Mais jo ne voil que hom t'ocie,
Mais en dolor dorges ta vie.
740 Que onques Chaïm oscira,
A set doble le penera.
Ton frere as mort en ma creance,
Griés en serra ta penitance.

*Tunc figura ibit ad ecclesiam. Venientes autem
diaboli ducent Chaim sepius pulsantes ad infernum;
Abel vero ducent micius.*

*175   Tunc erunt parati prophete in loco secreto singuli,
sicut eis convenit. Legatur in choro lectio:*

Vos INQUAM CONVENIO, O JUDEI.

*Et vocat eum per nomen prophete; et cum pro-
cesserit, honeste veniant et prophecias suas aperte et
180 distincte pronuncient. Veniet itaque primo* ABRAHAM,
*senex cum barba prolixa, largis vestibus indutus, et
cum sederit in scamno aliquantulum, alta voce incipiat propheciam suam:*

Possidebit semen tuum portas inimi-[35ᵛ]
185 corum tuorum, et in semine [tuo] benedicen-
tur omnes gentes.

Abraham sui, issi ai non.
745   Or entendez tuit ma raison:

---

730 Que nas.   731 sai bien.   733 nimor.   735 Maleit en
serras tote ta.   736 malaiecon.   738 Mais ne. — hom te tue.
742 enz.   173 ducetur.   744 e issi a.

Qui en deu ad bone sperance,
Tienge sa fai e sa creance.
Chi en deu avra ferme foi,
Deus ert od lui, jol sai *par* moi.
750 Il me tempta, jo fis son gre,
Bien acompli sa volenté.
Occire vols por lui mon fils:
Mais *par* lui en fui contrediz;
Jol vols offrir por sacrefise:
755 Deu le m'a torné a justise.
Deu m'a pramis, e bien iert veirs,
Ancore istra de moi tel eirs
Chi veintra tot ses enemis;
Ensi iert fort *e* poëtifs.
760 Lor portes tendra en ses mains,
En lor chastels n'iert pas vilains.
Tel homme istra de ma semence,
Qui changera nostre sentence;
Par cui serra li mond salvez,
765 Adam de peine delivrez;
Les genz de tote nascion
Avront par lui beneïçon.

His dictis, modico facto intervallo venient diaboli
et ducent Abraham ad [36ᵛ] *infernum.*

Tunc veniet MOYSES *ferens in dextra virgam et in*
190 sinistra tabulas. Postquam sederit, dicat propheciam
suam:

Prophetam suscitabit deus de fratribus
vestris, tamquam me ipsum audietis.

Ço que vos di, par deu le voi:
De nos freres, de nostre loi,
770 Voldra deus susciter un homme;
Il iert prophete, c'iert la somme.

---

752 uolei. 754 uoleie. 756 i *von* ueirs *steht über der*
Zeile. 759 Ensi serra. 761 E. 765 Adam serra de. *189 dextram.*
192 fribus. 770 susciter homme. 771 ce iert.

Del ciel savra toit le secroi:
Lui devez croire plus que moi.

Dehinc ducetur a diabolo in infernum. Similiter
195 *omnes prophete.*

Tunc veniet AARON, *episcopali ornatu, ferens in*
manibus suis virgam cum floribus et fructu; sedens
dicat:

    Hec est virga gignens florem
200   Qui salutis dat odorem.
    Hujus virge dulcis fructus
    Nostre mortis terget luctus.

    Iceste verge senz planter
775   Poet faire flors e froit porter.
    Tel verge istra de mon lignage,
    Qui a satan fera damage;
    Chi sanz charnal engendreûre
    D'ome portera la nature.
780   Iço'st fruit de salvacion,
    Cui Adam trarra de prison.

Post hunc accedat DAVID, *regis insigniis* [36ʳ] *et*
diademate ornatus, et dicat:

205   Veritas de terra orta est, et justicia de
celo prospexit. Et enim dominus dabit benig-
nitatem, et terra nostra dabit fructum suum.

    De terre istra la verité
    E justice de majesté.
    E Deus durra benignité,
785   Nostre terre dorra son ble;
    De son furment dorra son pain,
    Qui salvera les filz Evain,
    Cil iert sire de tote terre,
    Cil fera pais, destruira guere.

---

773 Celui.   777 **fra.**   779 De home. — natura.   780 Ico
est. 782 terra. 784 **Deus.** 787 le filz.

Procedat postea SALOMON, *eo ornatu quo David processit, tamen ut videatur iunior et sedens dicat:*

210   Cum essetis ministri regni dei, non recte
judicastis, neque custodistis legem justicie,
neque secundum voluntatem dei ambulastis,
et cito apparebit vobis, quoniam judicium
durissimum in his qui presunt fiet; exiguo
215 enim conceditur misericordia.

790   Judeu, a *vus* doma dex loi,
Mais *vus* ne li portastes foi;
De son regne *vus* fist baillis,
Char mult estïez bien asis;
Vos ne jujastes *par* justise,
795 Encontre deu iert vostre asise,
Ne faïstes sa volenté,
Mult fu grant vostre iniquité.
Ço que faïstes tut parra;
[37ʳ] Char mult dor vengement serra
800 En cels qui furent li plus halt;
Il prendront toit un malvais salt.
Del petit avra dex pité,
Mult le rendra esleecié.
La prophecie averera,
805 Quant le filz deu por nos morra:
Cil que sunt maistre de la loi,
Occirunt lui *par* male foi.
Encontre justise e raison
Mettrunt le en cruiz cume laron.
810 Por ço *per*drunt lor seignorie,
Che il avrunt de lui em vie.
De grant haltor vendront em bas,
Mult se porrunt tenir por las;
Del povre Adam avra pieté,
815 Deliverat lui de pecché.

---

208 quod. 210 ceteris. 214 que. 803 les. — esleeice; i *steht über der Zeile.* 808 Contre iustise encontre raison. 811 auer̃t.

Post hunc veniet BALAAM, *senex largis vestibus*
indutus, sedens super asinam; et veniet in medium,
et eques dicet propheciam suam:

Orietur stella ex Jacob, et consurget virga
220 de Israel, et percusciet duces Moab vastabit-
que omnes filios Seth.

De Jacob istra une steille,
Del feu del ciel serra vermeille;
E *vus* ducs del pople Israel,
Qui a Moab fera revel,
820 E lor orguil abaissera;
[37ᵛ] Char d'Israel *Cristus* istra,
Qui ert estoille de clarté.
Tot ert de lui enluminé,
Les son feel bien conduira,
825 Ses enemis toit confundra.

Dehinc accedat DANIEL, *etate juvenis, habitu vero*
senex; et cum sederit, dicat propheciam suam, ma-
num extendens contra *eos ad quos loquitur:*

225 Cum venerit sanctus sanctorum, cessabit
unctio vestra.

A *vus*, Judei, di ma raison,
Qui vers deu estes trop felon:
Des sainz quant vendra tot li maires,
Dont sentirez vos granz contraires;
830 Donc cessera vostre oncion;
N'i poëz pas clamer raison.
Ço'st Crist que li saint signifie,
Tuz cels qui *par* lui avront vie.
Por son pople vendra en terre,
835 Vostre gent li ferunt grant guere.
Il le mettront a passion:
Por ce perdrunt lor oncion.

---

820 lor grouil. 821 de israel. — xpc. — istera. 825 con-
fundera. *224 a.* 827 enuers. 830 *Nach* Donc *folgt* sentirez
durchgestrichen. 832 Co est. 835 frunt.

Evesque n'avront pois ne roi,
Ainz perira par els lor lei.

Post hunc veniet ABACUC, *senex et sedens; cum*
incipiet propheciam suam, eriget manus contra eccle-
siam admiracionem simulans et timorem. Dicat:

230 Domine, audivi auditum tuum et timui;
consideravi opera tua et expavi. In [38ʳ]
medio duum animalium cognosceris.

840   De deu ai oïe novele:
Tot en ai trublé la cervele.
Tant ai esgardee cest' ovre,
Que grant poür li cuer m'en ovre.
Entre dous bestes iert veüz,
845 Par tot le mond iert coneüz.
Cil de cui ai si grant merveille,
Iert demostré par une esteille;
Pastor le trover*unt* en cresche,
Qui iert trenchie' en piere secche,
850 Ou manger*unt* les bestes fain.
Pois s'i fera as rais certain.
La steille i amerrat les rois,
Offrende aporter*unt* tot trais.

Tunc ingredietur JHEREMIAS *ferens rotulum carte*
in manu, et dicat:

235 Audite verbum domini, omnis Juda, qui in-
gredimini per portas has, ut adoretis deum.

Et manu monstrabit portas ecclesie.

Hec dicit dominus deus exercituum, deus
Israel: Bonas facite vias vestras et studia
240 vestra, et habitabo vobiscum in loco isto.

Oëz de deu sainte parole,
855 Tot *vus* qui estes de sa scole,

---

838 aueront. *229 simulas.* 840 oi. 842 esgarde. 844 iert
coneuz. 845 iert cremuz. 847 i *von* esteille *steht über der Zeile.*
851 fraɪ. 853 *Vor* Offrende *steht* Iloec *durchgestrichen.*

Del bon Judé la grant lignee,
Vus chi estes de sa maisnee.
Volez par ceste porte entrer,
[38ᵛ] Por nostre seignor aourer.
860 Li sires del host vus somont,
Deu d'Israel, del ciel lamont:
Faites bones les vostres voies,
Soient droites si cumme raies;
Si soient netz les voz curages,
865 Que vus n'en vienge nuls damages;
Vostre studie soient en bien,
De felonie n'i ait rien.
S'ensi le faites, dex vendra,
Ensemble od vus habitera.
870 Li filz de deu li glorius
En terre descendra a vos;
Od vus serra cum hom mortals,
Li sires le celestials.
Adam trara de la prison,
875 Son cors dorra por raançon.

Post hunc veniet Yₛₐᵢₐₛ *ferens librum in manu,
magno indutus pallio; et dicat propheciam suam:*

Egredietur virga de radice Jesse,·et flos
de radice ejus ascendet et requiescet super
245 eum *spiritus* domini.

Or vus dirrai merveillus diz:
Jessé sera de sa raïz.
Verge en istra, qui fera flor,
Qui ert digne de grant unor.
880 Saint espirit l'avra si clos,
[39ʳ] Sor ceste flor iert sun repos.

---

858 Par ceste porte uolez. 861 de israel. 862 uos. 863
droites cumme. 864 Soient. 868 Si cnsi. 869 Ensemble ouec
uus. 872 Ouec uus. — homme. 874 de prison. 875 rancou.
245 spc. 876 Ore. 877 fera. 878 fra. — flor *steht über* fruit, *das
durchgestrichen ist.* 880 osspirit. 881 iceste. — *statt* sun *stehen
nur 3 Balken* (ııı), *ron denen der obere Teil weggeschnitten ist.*

*Tunc exsurget quidam de sinagoga, disputans cum
Ysaia et dicet ei:*

Or me respon, sire Ysaïe.
Est ço fablĕ ou prophecie?   ᶜ
Que est iço que tu as dit?
885 Truvas le tu? ou est escrit?
Tu as dormi, tu le sonjas!
.Est ço a certes ou a gas?

YS*AIAS* *):
Ço n'est pas fable, ainz est tut voir.

J*UDEI* **):
Or le nus fai donches veer.

YS*AIAS* ***):
890 Ço que ai dit est prophecie.

J*UDEI* **):
Escrit' en livre?

YS*AIAS* †):
            Oïl, de vie.
Nel sonjai pas, ainz l'ai veü.

J*UDEI* **):
E tu coment?

YS*AIAS* ††):
Par deu vertu.

J*UDEI*:
Tu me sembles viel redoté,
895 Tu as le sens trestot trublé.
Tu me sembles viel e meïr,

---

246 *exurget.* 247 *Ysaiam. — dicit.* 882 Ore. — Ysaias.
*) ias *ist mit dem Rande abgeschnitten; über* Y *ist ein Punkt.*
**) *es ist nur* J *und der erste Balken von* u *geblieben.* 889 Ore.
— faites. ***) saias *fehlt; über* Y *ist ein Punkt.* 891 En liure
est escrit. †) Ys *über* Y *ist ein Punkt.* ††) aias *fehlt.* 895 tot.
896 uiel meur.

Ses bien garder al mireor;
Or me gardez en ceste main,
Tunc ostendet ei manum suam:
Si j'ai le cor malade ou sain.

YSAIAS:

900 Tu as le mal de felonie,
Dont ne garras ja en ta vie.

JUDEI:

Sui donc malade?

YSAIAS:

Oïl, d'errur.

JUDEI:

Quant en garrai?

YSAIAS:

Jamés nul jor.

JUDEI:

Or comence ta devinaille.

YSAIAS:

905 Ço que jo di nen iert pas faille.

JUDEI:

Or nus redi ta vision,
Si ço est vergë ou baston,
E de sa flor que porra nestre;
Que nos te tendrom puis por maistre,
910 *E* ceste generacion
Escutera puis ta leçon.

YSAIAS:

Or escutez la grant merveille,
Si grant n'oï ja mais oreille;

─────────────────────

897 *Am Rande (vor* Ses) *steht* Tu. — miror. 902 Sui io
donc malades. 903 a nul. 904 Ore. — de ta. 905 di niert.
— *nach* pas *folgt* fable *durchgestrichen.* 909 Nos. 911 Es-
cuterai. 913 mais.

Si grant nen fu onc mais oïe,
915 Des quant comenza ceste vie:
Ecce virgo concipiet in utero et pariet fi-
250 lium, et vocabitur nomen ejus Emanuhel.
Pres est li tens, n'est pas lointeins,
Ne tarzera, ja est sor mains,
Que une virge concevra,
E virge un filz emfantera.
920 Il avra non Emanuhel,
Message en iert saint Gabrïel.
La pucele iert virge Marie,
Si portera le fruit de vie,
Jhesu, le nostre salvaor,
925 Qui Adam trarra de dolor,
Et remetra en paraïs.
[40ʳ] Ço que vus di, de deu l'apris,
E c'iert tot acompli par veir,
En ce devez tenir espeir.

Tunc veniet NABUGODONOSOR ornatus sicut regem [decet].

Nonne misimus tres pueros in fornace liga-
tos? Rⱼ. Ministri: Vere, rex. Nabugodonosor: Ecce video quatuor viros solutos deam-
255 bulantes in medio ignis, et corrupcio nulla
est in eis, et aspectus quarti similis est
filio dei.

930   Oëz d'une merveille grant,
Ne l'oït hom qui soit vivant,
Ço que jo vi des trais emfanz,
Chi jo fis mettre en foc ardant.
Le fouc estoit mult fier e grant,
935 E la flambe cler' e bruiant;
Les trois fasoient joie grant
La ou il furent al fouc ardant.

---

250 Emanuehl. 918 conceuera. 925 de grant dolor. 927
Ico. — lai apris. 928 co iert. *253—54* rex ecce. 930 Oez
uertu de grant; de grant *ist durchgestrichen.* 931 homme. —
soit en. 933 Chi fis. 936 trois emfanz f.

4*

Chantouent un vers si cler bel,
Sembloit angle fuissent del ciel.
940   Cum me regart, si vi le quart,
Chi lor fasoit mult grant solaz.
La chiere avoit resplendisant,
Sembloit le filz de deu puissant. (*Ende fehlt.*)

---

938 cler *ist durchgestrichen.*   939 li angle.   940 Cum io
men. — quartz.   942 Les chieres auoient tant respl.   943 Sem-
bloient.

Anhang.

Die fünfzehn Zeichen des
jüngsten Gerichts.

.

Wiewohl das folgende Gedicht von den fünfzehn Zeichen des jüngsten Gerichts weder inhaltlich noch dem Verfasser nach in irgend einer anderen Beziehung zu dem Adamsspiel steht, als dafs es in der Handschrift von dem Schreiber aus Unachtsamkeit mit dem Adamsspiel zusammengezogen und so von den Herausgebern bisher herausgegeben worden ist, so wird der Text desselben dennoch im folgenden nochmals abgedruckt, und zwar, trotzdem noch andere Handschriften derselben Fassung dieses weitverbreiteten und s. Z. wohl populärsten Stoffes des Mittelalters vorhanden sind, einzig nach der Hs. von Tours, ohne andere Hilfsmittel heranzuziehen. Die Ausgabe von Luzarche ist sehr selten und so dürfte dem Leser, der den Text zum Nachprüfen der metrischen und sprachlichen Untersuchung, welche wir von beiden Texten veranstaltet haben, einsehen mufs, eine neue Ausgabe willkommen sein.

Oiez, seignor, communement,
Dunt nostre seignor nus reprent!
De ço que tote creature,
Chescune solonc sa nature,
5   Reconuit mielz nostre seignor,
Que hom ne fet, c'est grant dolor;
Mes hom de lui servir se feint,
De quei nostre sire se pleint,
Que nus aime tant bonement.
10   De quantqu'a soz le firmament
Nos ad doné la seignorie;
Mes chescun de nus le guerrie.
Mües bestes, cas, orz, lïons,
Oiseals, serpenz, mers e pessons,
15   Font quanque il deivent sanz tristor,
E gracïent lor criator.
Ciel e terre, soleil e lune,
Nes des esteilles n'i a une,
Que ne face quanque ele deit.
20   Hom, que fet, que tote rien veit?
Mult par est plain de coveitié,
Que de deu n'a nule pitié.
Plus volentiers orreit chanter
Come Rollant ala juster
25   E Oliver son compainnon,
Qu'il ne ferrait la passion

---

4 Cahescun, a *ist von zweiter Hand in verkleinerter Form
und mit anderer Tinte geschrieben.* 6. 7 home. 9 Q' = Que.
10 desoz. 13 casorz lïons; *davor steht* oisalz lïons *durchgestrichen.* 16 tuit lor. 20 Home.

Que suffri Crist a grant hahan
Por le pecchié que fist Adam.
Por quei sumes nos orguillus?   [41ʳ]
30 *E* las, chaitifs! ja morrum nus.
Qui ert qui por nos bien fera,
Quant l'alme del cors partira?
Oscire anceis nus devriom
Que damne deu coriscesom.
35 Nos fesom trestoit que dolent,
Mult en avrom grief jugement.
    Si vos ne cremisse ennuier,
Ou destorber d'aucon mestier,
Des quinze signes vos deïsse,
40 Einz que remuër me quesise,
Tote la pure verité.
Seignors, vendreit il *vus* a gre
A oïr la fin de cest mond?
Kar totes choses finirunt.
45 N'ad solz ciel home tant felon,
Si vers deu a entencion,
Si un poi m'escote a parler,
Qu'il n'i estuce ja plorer;
Car quant cest siecle finira,
50 Nostre sire signe fera.
Ço nos reconte Jheremie,
Zorobabel *e* Ysaïe
E Aaron *e* Moyses
E li altre prophete aprés:
55 De Babiloine Danïel,
Si l'aferme Jezechïel,
Qu'un poi devant le jugement,   [41ᵛ]
Toit li felon serront dolent;
Mostera dex sa poësté
60 En terre de sa majesté.
Qui or voelt oïr la merveille

---

31 fra. 48 Q*ui*l, *dann* li *über der Zeile, dann* ni ia a plorer.
50 fra. 54 toit li. 57 Que un. 59 e *von* Mostera *steht über
der Zeile.* 61 ore.

Envers qui rien ne s'apareille,
Si drest sun chief et si m'esgard:
Jo li dirrai ja de quel pard
65 Vendra la grant mesaventure
Qui passera tote mesure.
Or escotez de la jornee
Qui tant doit estre redotee.
Del ciel cherra pluie sanglante
70 (Ne quidez pas que jo vos mente),
Tote terre en iert coloree,
Mult avra ci aspre rosee.
Li emfant qui nez ne serront,
Dedenz les ventres crïeront
75 Od clere voiz mult haltement:
„Merci, rois deu omnipotent!
Ja, sire, ne querrom nus nestre,
Mielz voldrium *nus* nïent estre,
Que nasquisum a icel jor
80 Que tote rien soeffre dolor.“
Li emfant crïeront issi,
E dirront toit: „Jhesu, merci!“
    Li premiers jors iert tot reals,
Li secund jors serra plus mals;
85 Car del ciel cherront les estoilles:
Ço iert une de ses merveilles.
Nule n'i ert tant bien fichiee,
Qui a cel jor del ciel ne chiee;
E corront si tost desor terre,
90 Com foldre, quant ele deserre.
Desus ces monz irront corant,
Come grant lermes espendant,
E nequedent mot ne dirront;
Josqu'a abissme descendront;
95 *Perdu* avront lor grant clarté,
Par quoi luisent la noit d'esté;

---

62 qui neu ne. 63 dresce. 64 dirra. 77 querrom nestre.
81 crieront tot issi. 84 secund serra. 87 fichie. 88 chie.
90 Come. 94 Josque — descenderont. 95 aueront.

Naires serront come charbon.
E deux pere! nos que ferom,
Qui tot somes envolupé
100 Des grant pecchiez emvenimé?
Li tierz signes iert merveillos,
Plein de dolor *e* plein de plors;
Que le soleil que *vus* veez,
Qui tant est bien enluminez
105 *E* enlumine tote rien,
(Celui veez chescon jor bien,
Car il done lumiere al monde, —
Dex *nus* face de pecché monde!)
Serra plus nair que nen est haire.
110 Iço ne vos fet pas atraire;
Car le soleil, en droit middi,
Verra le pople tant nerci,
Que ja gote lor ne verront   [42ᵛ]
Icil qui a cel jor serront.
115 E deux! que ferront donc icil
Que des orz pecchez ont fet mil,
E deux est a eaus corocié?
A icel jor serront iré.
Por nient merci li crïeront,
120 Quant tant pecchié vers deu fet ont.
Penitence covendroit fere
Celui qui a deu voldra plaire,
E as povres doner del lor,
E Jhesum preer chescon jor,
125 Qu'a la mort ussent paraïs:
Iço fet bien preer tot dis.
Li quart signes ert mult dotables
E un des plus espüentables;
Car la lune, que tant est bele
130 Al chief del mois, quant est novele,
Serra müe' en vermeil sanc

---

98 from.   103 soleiel.   106 Colui — ueez *uus*.   108 Que
dex.   109 que nole haire.   110 ataire.   113 *E* qui — gote ne.
120 pecchie fet.   122 deux.   125 Que a.   128 espuntables.

E en color semblable a fanc.
Mult pres de terre descendra,
Mes mult poi i demorera;
135 Corant vendra droit a la mer.
Par force voldra enz entrer,
Por eschiver le jor de l'ire,
Que nos jugera nostre sire.
Ausi le criendront tote gent,
.140 Car c'ert le jor del jogement.
E las! tant serront mal bailli   [43ʳ]
Cil de qui deux n'avra merci,
Qui peccheor avront esté
Trestoz les jors de lor eé!
145   Li quint serra le plus oribles,
De toz ices le plus fernicles;
Car trestotes les mües bestes
Vers le ciel torneront lor testes.
A deu voldront merci crïer,
150 Mes eles ne porront parler;
Droit a ces grant fossez irront,
Por grant poür s'i ficherunt.
L'une gittera graignor brait
Qu'or ne feroient dis *e* set;
155 Molt criemdront anguisusement
Del jugeor l'avenement.
Adonc n'i avra ja leesce,
Tote rien serra en tristesce.
    Li siste jor ne larrai pas,
160 Que tot li mond serra en bas,
E encontre crestront li val
Tant que as monz serront egal.
A icel tens que jo *vus* di,
Por voir, seignor, le vos afi,
165 Serra le pais müe' en guerre;
E tant fort croslera la terre,

---

137 de ire.   140 co ert.   142 de *steht über der Zeile.*
154 Qui ore.   155 augu͵'susemont.   162 tant q*ua*.

Qu'il n'a soz ciel si haute tor
Que jus ne chie' a icel jor,
E donc cherront trestuit li arbre [43ᵛ]
170 *E* li palais qui sunt de marbre.

Le settimes iert mult cruël,
Devant cestui n'en fu nul tel.
Li arbre que chaü serrunt,
Se drescerunt en contremont;
175 A mont tornerunt lor racines;
Contre terre serront les cymes;
Tant crolleront par grant aïr,
Tote terre ferront fremir;
Nule foille n'i remaindra,
180 *E* le gros parmi partira.
Que devendront lors vos maisons,
Vos beles habitacions?
Totes les estovra faillir,
Tote rien covendra morir;
185 *E* donc covendra tote gent
Morir a merveillos torment.

Li octimes iert mult dotos,
Sor toz ices mult anguisos.
De son chanel la mer istra;
190 Voldra fuïr, mes ne porra.
Mult par s'en istra firement,
Tot neiera communaument,
Se cil ne falt que nos le dist,
C'est Moyses qui cest escrist.
195 De ci qu'a ciel irra la mer,
Par force voldra enz entrer;
Li pesson qui denz sunt enclos, [44ʳ]
Dunt nus fesum sovent grant los,
Dedenz terre ferunt lor voie,
200 E quideront que dex nes voie.

---

171 séttime serra. 174 drescerunt contremont. 178 Tote
la terre. 183 estouera. 187 serra mult. 189 istera. 192 neira.
193 cil nos falt. — nos dist. 196 forco.

Lors revendra la mer ariere,
Come chose que mult est fiere,
Si rentrera en sun estage,
Totes eves en lor rivage.
205 Li novimes iert mult divers
E de toz signes mult dispers;
Car toz les fluves parleront,
E voiz d'ome parlant avront.
Jo'n trai en garant Augustin
210 Qui do ces sygnes dist la fin.
E dirront toit au criator: ·
„Sire, merci por ta dolçor!
Dex, qui as pardurableté
E nos donas juvableté,
215 Tu es dex, e serras tot jors;
Sire, or aiez merci de nos.
Par ta merci nos deignas fere,
Mult *par* avu*m* fieble repaire.“
 Li dismes serra itant fier,
220 Qu'il n'est nul saint qui tant soit chier
El ciel, emprés son criator,
Que de cest signe n'ait poür:
Ço nos aferme saint Grigoire,
E li nobles clers saint Yerome.
225 Idonc croslera cherubin,   [44ᵛ]
E si tremblera seraphin,
E del ciel totes les vertuz.
Cel jor serra saint Piere muz,
Ja un sol mot ne sonera,
230 De la poür que il avra;
Car il verra le ciel partir,   ´
E si porra la terre oïr
Braire molt anguisosement,
E crïera: „Rois dex, jo fent.“

---

203 Entrera. 205 serra mult. 208 parler, er *ist durchgestrichen, darüber steht von zweiter Hand* ant. — aueront.
209 Jo en. 210 de *steht über der Zeile.* 216 Sire aiez. 219
serra tant. 230 quil. 232 terra.

235 Lors avront cil d'emfer clarté,
    E serront toit espöenté.
    Toit s'en istrunt fors li dïable;
    Saint Pol le dist, ço n'est pas fable.
    Or escutez que il dirront
240 De la paor que il avront:
    „Sire pere, qui nos feïs
    El ciel, e puis le nos tolis,
    Nos le perdimes par folie.
    A grant bosoin merci te crie
245 Ceste dolente creatore,
    Qui l'anguisse del fuc endure;
    Chaitive est mult, e plus se deut;
    De toi merci aver ne puet.
    Rent nos nostre herbergerie;
250 Ne sai quel vertu l'ad saisie."
        Li onzimes ert mult despars,
    Li venz vendront de totes pars,
    E suffleront tant dorement   [45ʳ]
    L'un contre l'autre fierement,
255 Que la terre depeccherunt;
    De son siege la giteront;
    Les novels morz giteront fors,
    Par l'eir em porteront les cors,
    Toz les ferront ferir ensemble.
260 Lors descendra del ciel la cengle
    Que nos apelum ,arc del ciel',
    Color avra semblable a fiel.
    Entre les venz se meslera,
    Aval en emfer les merra;
265 Deables botera dedenz,
    Ou il suffrerunt les tormenz
    Des chauz, des froiz e des dolors,
    Estreinement de denz e plors.
    Pois lor dirra: „Ici estez,

---

236 esponte. 238 dist nest. 239. 240 quil. 255 de la. 260
a *von* descendra *steht über der Zeile.* 264 enz. 269 ici uos estez.

270 Desus terre mes ne venez;
   La terme vient que *vus* avrez
   Plenté de gent en vos destrez."
   Lors comenceront toit a rire.
   E dex pere! tu qui es sire,
275 De cele joie nos defent!
   Car cil serront trestoit dolent,
   Qui serrunt parçonier del ris
   Dont li dïable est poëstis.
    Li doscime ert d'altre maniere.
280 N'a creature al mond tant fiere,
   Se bien n'en set la verité,   [45ᵛ]
   N'en doie aver le cuer trublé, .
   E devroit amender sa vie
   E servir deu, le filz Marie.
285 Le ciel serra reclos ariere,
   Donc n'i avra nul qui ne quiere
   L'un vers l'autre sovent conseil.
   Chescons dirra: „Mult me merveil,
   Com nos poûm ici ester
290 Qant tote rien venra finer."
   E crïeront merci au roi
   Que tote mesure ad en soi;
   Quant li angle poür avront,
   Li peccheor, las! que ferunt?
295 Li .XIII. iert trop salvages;
   Car cil que sorent les langages,
   Ço fu Jafed, le filz Tharé,
   E Abraham, le filz Choré,
   Nen peüssent la meitié dire
300 Des grantz dolors, de la grant ire
   Que nostre sire mustrera,
   Quant icist signes avendra;
   Car totes les pieres *que* sunt
   Desos terre *par* tot le mond

---

276 toit. 278 postis. 286 nuls. 294 frunt. 295 salualges.
299 puissent. 300 del grant. 302 signe. 304 *Am Rande vor*
Desos *steht* 7.

305 *E* desus *terre* *e* desuz monz,
 E de ci qu'a abisme es fonz,
 Comencer*ont* une bataille,
 (Ne quidez pas que jo v*us* faille)
 E s'entreferront mult forment,   [46ʳ]
310 Com foldre quant ele descent.
 M*u*lt se ferr*ont* a grant proëche;
 Bien serra semblant de tristesce,
 Si durera trestot un jor:
 Ço iert semblant de grant dolor.
315 Li .XIIII. iert mult mals,
 A tot le monde comonals,
 De nois, de gresliz *e* d'orez,
 De merveilloses tempestez.
 Lors vendront foldres *e* esclairs,
320 Trestot en troblera li eirs.
 Les nues, qui corent si tost,
 D'eles ferront une grant host;
 Droit a la mer irront fuiant
 E mult fort tempest demeñant.
325 Le jor doteront de juïse.
 Plus tost irront que vent de bise,
 Droit a la mer irront fuiant
 Terres e arbres confundant.
 Lors serra le vals descovert
330 A tote creature apert.
  Li .XV. signes dirrai;
 Car de la dolor asez sai,
 Que li sires del ciel fera,
 Quant icest signes avendra.
335 Le non qu'il avra v*us* dirrom:
 Ço serra consumacion.
 La terre *e* le ciel tot ardra,   [46ᵛ]
 Nule chose ne remaindra.

---

305 monz *fehlt.*   310 Come.   311 prooche.   313 tot.
316 mond.   318 merueillos.   322 un.   324 tempeste.   325 iuíse.
328 Terres arbres.   331 u*us* dirrai.   u*us* *steht über der Zeile.*
333 fra.   334 Car icest. — signe.

La mer que tot le mond aclot,
340 E les eues e tot li flot,
Repaireront tot a nïent,
Si com fu al comencement.
Lores serront les voiz oïes,
A semblance de symphonies,
345 Qui dirront a vos peccheors:
„Fuiez trestut, vez ci li jors
Tot plein de grant mesaventore.“
Dex ne fist cele creature,
Si se porpensoit de ces fais,
350 Que jamés en son cuer ait pais.
Idonc soneront les bosines
Qui a dolor serront veisines,
E resordrunt trestot li morz.
Chescun avra escrit son sort;
355 Nostre sire donc refera
Ciel e terre que defet a;
Pois descendra au jugement,
Ço sachez vos, mult cruëlment.
Si nos i doinst il parvenir,
360 Que nos seüm al soen pleisir!

Amen.

---

343 Lors.   353 recordrunt.   355 *Nach* sire *folgt* refera
durchgestrichen. — refra.   359 il si; si *steht über der Zeile*
mit kleinen Lettern.

Anmerkungen.

I. Adamsspiel.

14. sed omnes personae sint] *wohl* personae [quaecunque] sint *mit romanischer Konstruktion oder* sint *zu streichen.*

1. Sire], *ebenso* 80, *hat der erste Versteil eine lyrische Cäsur, was sich sonst nicht findet. Auch* 398 *spricht Adam Gott nur mit* sire *an; aber* 386 *steht* beal sire, *so dafs auch an unseren beiden Stellen* bels sire *zu lesen sein dürfte, oder auch* Jo fourmé t'ai.

3. Zu dieser Zeile fehlt der Reimvers.

6. Nen ferai ge] *Man könnte* nen *in* neu, *d. h.* nel *bessern, aber die Wendung* non ferai — *in unserem Texte in der vollen Form noch* 120, *in der schwachen* 296 — *(das volle betonte* non *ist die gewöhnliche Form in dieser Verbindung) ist bekannt genug. Freilich, der englische Schreiber gebraucht* nen, *das vor seinem Verschwinden vor Vokalen gebraucht wurde, wo es durch Satzphonetik gehalten war, während es sich vor Konsonanten zu* ne *schwächte. Vgl.* 51. 139. 224. 306. 313. 340 (non). 343. 368. 466. 511. 529. 599. 625. *Man könnte vielleicht das eine oder andere Mal* n'en *lesen, einmal* (313) *auch* nel *ändern, aber da andererseits sich auch Stellen finden, wo* ne *statt des richtigen* n'en *steht, z. B.* 124, *vgl.* men *st.* me 940, sen *st.* se 102 *und umgekehrt* que *st.* quen 99. 116, te *st.* ten 138. 153, me *st.* men 733, *so sieht man, dafs dem Schreiber jedes Gefühl für irgend einen Unterschied der beiden Formen* nen *und* ne *fehlte.*

22. conservage] *är. εἰρ. „die gegenseitige Dienstbeflissenheit', also dasselbe was bei* Du C. conservitium. *Ebenda findet man auch unser* conservagium, *aber ungenau durch Gleichstellung mit dem vorausgehenden* conserva *erklärt. Es ist vielmehr ein für eine bestimmte Reise abgemachtes gegenseitiges Übereinkommen gegenseitiger Unterstützung.*

32. Vielleicht Adam aime, tien lui mout chier; *denn ein Setzen des* tu *zum Imperativ wäre zu altertümlich.*

47. *Vielleicht* Ferai jo sire en tote guise.

55. et en deduit *mit* iers en joie *der vorausgehenden Zeile zu verbinden, ist möglich, aber sehr hart; vielleicht ist es mit dem fg. zu verbinden:* Et en deduit ja dolor ne savras.

57 *scheint recht verdorben zu sein; der Hg. bezieht* serra *auf* vie, *und das von ihm hineingebesserte* esterat *soll Futur von* ester *stehen bleiben, dauern' sein. Es scheint vielmehr, dafs* poie *einen Gegensatz wie* granz *verlangt, und* estrat *dürfte einfach das anglon. Futur von* estre *sein. So möchte ich denn vorschlagen:* Toz jorz iert granz, si nen estrat pas poie.

59. s'afoloie] *án. είρ., wohl nach anglon. Vorliebe gebildetes Kompositum (fehlt Godefroy) statt des sonst ausschliefslich gebrauchten* foloier, *das durch* se foloie *sofort hergestellt wäre. Umgekehrt lassen bekanntlich die Engländer Präfixe wiederum gern aus, wofür freilich unser Text kein Beispiel bietet.*

61. des] *bessere* do.

80 *s. zu* 1.

97. li] *ist natürlich Acc., statt* le, *wie sehr oft, und was ich weiter nicht mehr beachte.*

99. que] *vielleicht besser* qu'en, *vgl.* 105 *und s. zu* 6.

111. Que] *statt* Qui, *noch an zahlreichen Stellen; dem Schreiber war jeder Unterschied zwischen* qui *und* que *unbekannt. — Man könnte auch die zwei Strophen ganz anders konstruieren. Z.* 106 *ist dann* se pert = *si* perdo *Vordersatz, daher Komma nach* chasement *und Punkt nach* 107 vent. *In der fg. Strophe Komma nach* 109 folor, *Vordersatz, dazu* 110 *Nachsatz und* doit *in* doi *zu ändern.* 111 *endlich ist dann* s'i *ein* si = sic, *in der eben angegebenen schändlichen Weise'.*

116. que] *vielleicht besser* qu'en, *s. zu* 99.

124. n'en] *s. zu* 99.

127. Seurement *kann, wie es* Luzarche *that, als Frage aufgefafst werden; noch besser würde es als Antwort (wie* 301) *zu* 125 Voldras l'oïr *gehören, so dafs* 126 *und* 127 *umgestellt werden müfsten. Allein der Vers ist unvollständig, mithin ist es sicher der Schlufs des Verses, dessen erste vier Silben fehlen, mithin die Verderbnis eine tiefere. Sonst könnte man vermuten:* Voldras l'oïr? — Si ferai bien *oder* Ço voil io bien s. *oder* Vei mei tot prest *oder* Oïl mult bien *u. ä.*

138. te] *besser* t'en, *s. zu* 99.

143. entent] *ist sinnlos, wohl anglonorm. Präfixerwechslung statt* atent, *so dafs* senz nul atent *heifst 'ohne Säumen, sofort'.*

146. *Bessere:* De tuz les fruiz.

148. defens *als Part. von* defendre *ist latinisierend; entweder gab es* defendu, *oder dem Lat.* entsprechend defeis, *das aber meist nur erstarrt ist als Subst. Letzteres wäre leicht einzuführen:* cil m'est defeis, Celui ne tucherai des meis *(sehr lange Zeit = nie).*

153. te] *besser* t'en.

158. manjus] *ist aus* manjues *Hs. gebessert; wie bekannt, finden sich beide Formen s. Foerster ZfrPh. I, 562 f. Freilich in unserem Texte findet sich blofs* manjues, *so dafs auch unsere Stelle sich so halten liefse:* Se tul manjues, bien feras, *vgl.* 164.

169. Nel] Nol *Hs.,* o *in* e *gebessert.* — Or oi deduit *mufs ironisch aufgefafst werden, ebenso* 180. 181.

178. O jo] *oder* Oïl; *beides gut.*

182. gardain, *also = * *ward-anus, ist die ältere französische Form (fehlt Godefroy), findet sich bei Könige, Psalter Cambr., Wace, Beneit, Werner von Pont Sainte Maxence, Marie von Frankreich, ebenso Makkabäer, scheint mithin nur in England vorzukommen; wenn diese Beobachtung richtig wäre, so würde dies bei den Makkabäern für Görlichs Ansicht sprechen und für den Text doch eine anglon. Durchgangsstufe angenommen werden müssen. — Da* -anus *nie an* Verba, *sondern nur an* Nomina *angehängt wird, so kommt das Wort vom Subst.* garde, *wie* guardiano *von* guardia.

185. *Ich vermute, dafs die Zeile keine Frage ist, sondern die vom Teufel an Stelle Adams gegebene Antwort; dann kann man auch* atraire *behalten, das mir notwendig zu sein scheint. Ich lese also:* Altre honor ne te volt atraire.

215. *Besser die erste Person:* Ier descoverz? *Vgl.* celeras m'en *der vorhergehenden Zeile.*

222. *Vielleicht zu bessern:* nus fers.

229. que] *besser* qui.

236. Ore i ait fai *der Hs.* (fai = fei = fidem) *pafst wohl in den Zusammenhang der Rede Satans, aber nicht in den Mund Evas. Streiche daher* Eva *und* Diabolus *der Hs.*

243. Que] *besser* qui.

249. Poeste e de *der Hs. konnte bleiben; der Hg. schrieb* poesté de, *weil sich* pöeste *im Text sonst nicht nachweisen läfst.*

256. *Ich vermisse neben der Zukunft die Gegenwart oder die Vergangenheit, da doch die Allwissenheit bezeichnet werden soll; vielleicht:* E sëusses qu'est *(oder* qu'ert*) et deit estre. Vgl.* 308. 445.

270 *ff.* *In der Hs. steht:* Guste del fruit. E. Jo nai regard. D. Ne creire adam. E. Jol ferai. D. Quant. E. Suffrez moi tant que adam soit en recoi. *Es ist klar, dafs die Stelle lückenhaft überliefert ist. Der Hg.* verbindet ganz geschickt moi *und* recoi; *freilich ist* regard : quant *kaum möglich, wobei sich* quant : tant *verbinden liefse. Ferner mufs es* 270 *statt* Jo n'ai regart *im Gegenteil heifsen:* J'en ai regart, *da* Eva *bereits überredet ist. Im* fg. *ist eine neue Schwierigkeit. Denn* Ne creire Adam *kann nicht mit* Jol ferai *beantwortet werden, da* Eva *ja bereit ist, Satans Willen zu thun, daher denn dieser ganz richtig frägt:* Quant?, *d. h.* ‚warum nicht gleich?' *Es mufs also zwischen* Adam *und* Jol *eine Zeile ausgefallen sein, in der Satan* Eva *nochmals zuredet. Vielleicht warnte er sie vor dieser fehlenden Zeile vor* Adam, *was durch die kleine Änderung* Ne *in* De 271 *sofort klar wäre; dann hiefse es:* Guste del fruit! N'aie regard De creire Adam!

283. *Die Änderung* chat *in* chalt *ist von selbst gegeben; aber was soll das fg.* me del ueer. *Vielleicht* De ço qu'en chalt? Or del veeir! ‚La/st uns ihn sehen', *wobei freilich* ‚ihn' *nicht im Text steht. Oder* chalt a mei? *Por veir ..., oder endlich* Sul del veeir ‚Blo/s wenn du es siehst'.

293. ce *(statt* co *der Hs.) ist* = cest.

295. si'n = si en ‚bis'.

296. Ien duit *steht in der Hs.;* duit *kann nur* = dut (dubito) *sein (vgl.* tuit : tut *oft) und dann ist statt* i'en *sicher* iel *zu lesen. Denn daran kann er nicht zweifeln, dafs er den Geschmack der Frucht früher nicht kennen kann, bevor er ihn nicht gekostet hat. Er mufs dies Kosten aber* fürchten *(ebenso* 313, *wo vielleicht* nel *zu bessern), wobei dann auch das* fg. Lai le ‚La/s das Fürchten sein' *verständlich würde. Der Hg. freilich änderte es (wegen der Antwort Adams* ferai) *in* Fai.

312. nen] *wohl* nel; *freilich auch* n'en, *wenn es zweifeln heifst und sich auf die Behauptung Evas bezieht.*

314. Allas *ist natürlich* = A! las!

316. rescus *m.* ‚Rettung' *ist sehr selten, das Fem. gewöhnlich; ich habe das letztere eingeführt, weil sonst eine Silbe ergänzt werden mü/ste, etwa* jo *or oder* or sui jo *oder* Or *an die Spitze stellen.*

330. encombrer] = encombrier, *das bekannte Verbalsubstantiv.*

340. que] *besser* qui.

345 *oder auch die Anrede (etwa* sire Deus, Damedeus) *zu ändern.*

350. Neu ai *Hs.*

352. prcirai *Hs.*

354. Qui] = cui.

363. *Es fehlt hier das Subjekt, welches auch im Vorausgehenden nicht erwähnt ist. Jeder Zuhörer wird wohl* Deus *in Gedanken ergänzen. Zu ändern wäre leicht:* Quant Deus la coste.

364. *Besser* [n]'ocist.

369. que] *besser* qui.

378. *Es könnte auch* queil *zusammengezogen werden, was zwar für diese Zeit auf dem Festland nicht mehr geschah, wohl aber in England.*

379. me aidera *Hs.*

380. nul] *besser* nus.

81. *Bei der Kollazion wurde vergessen zu bemerken, wo* 27ʳ *beginnt; nach der Zeilenzahl wahrscheinlich zwischen* 80 *und* 81.

397. enjoïst] = esjoïst.

399 *fehlen vier Silben, offenbar der von* tel 398 *abhängige Untersatz, vielleicht* [Ne t'os veeir] *oder* [Que jo me ceil].

417. prime *als Adj. ist für die Zeit des Textes sehr auffällig und nur bei einem Anglonormannen zu entschuldigen, der nicht weifs, wann* prim *und* primier *gebraucht werden; vielleicht* El fist primes icest *oder* Ele fist primes cest. — *Allein in der fg. Zeile steht* le *völlig beziehungslos, da ein* fruit *in der Rede Adams nicht vorhergeht. Es müfste also auf* 412 fruit *sich beziehen. Vielleicht steckt in* prime *ein verdorbenes* pome, *worauf dann* 418 la *(statt* le*) sich beziehen würde; etwa* La pome prist a grant trespas.

428. El *wurde aus* Il *geändert, weil, wie* 428 maleite, 430 son fruit *zeigen, die* tere *gemeint ist und nicht* ble 425. — *Wegen* maleeite *(statt* maleite *der Hs.), wie* maleait 433, *kann man noch lesen:* S'est maleeite *oder* Maleeit' est el *(oder* iert statt est*).

431. Espines *der Hs. wurde geändert in* Espin, *das sich z. B. bei* Wackernagel *Lieder S. 64 im Reim findet; s. noch eine Stelle bei* Godefroy *und vgl. das bekannte Schwanken zwischen* aubespine *und* aubespin.

436. *Der Hiat. läfst sich leicht durch Einschieben von* et *beheben.*

455 *oder* E en anguisse finerunt.

458 *oder* Trestuit cil.

459. Li *statt* le.

464—467 *sind metrisch sehr auffällig, da wir sonst nur* aaaa-*Strophen finden, hier aber* aabb *steht mitten unter den regelmäſsigen. Es wäre nun merkwürdig, wenn dies die Reste von zwei Strophen wären, so daſs zwei Zeilen mit* -ant *und ebenso zwei mit* -eille *ausgefallen wären. Und doch bleibt kaum ein andrer Ausweg; denn ein Schreiber kann doch nicht leichtfertig den Ausgang der zwei Zeilen (z. B.* ne semble pas enfant *oder* il est mult decevant *und* qui creit a son creant, qui a lui est servanz *oder ä.) geändert haben. Nun aber kommt dieselbe auffällige Erscheinung noch zweimal im folgenden vor, nämlich 530—533 und 940—943. Soll man nun aber annehmen, daſs der Schreiber sechsmal immer gerade ein Verspaar übersprungen hat? Dazu kommt nun, daſs der Inhalt der letzten zwei Strophen (940—943) durch die* lat. *Lektio, welche im folgenden streng wiedergegeben wird, genau bestimmt ist, und darnach an dieser Stelle durchaus keine Lücke anzusetzen ist.*

470. Mal] *vielleicht besser* Mar.

471. *Auch* mei covient perdre vie.

481. ras]? *ἀπ.* εἰρ. *Die Bibel enthält nichts passendes. Zwar 3, 15, was unserer Stelle entspricht, steht* ipsa conteret caput tuum et tu insidiaberis calcaneo eius. *Das Franz. kehrt also die beiden Dinge um, denn 480 ist die wörtliche Übersetzung des letzteren; dann müſste* sachier le ras = contrere caput *sein. Aber wenn auch das unbekannte* ras = ,Kopf' *wäre (der Hg. verweist auf Körtings Lat.-rom. Wtb. 6669 = Diez* II[b] *s. v.* res *von arab.* ras, *ohne Grund, mein' ich), so kann* sachier nie ,zerdrücken' *heiſsen, sondern müſste dem Sinn nach geändert werden. Da bietet sich unverhofft das auch graphisch fast gleiche* cachier ,zertreten' *dar, das zwar bis jetzt auſser* queichai *im Mignard'schen Girart noch nicht nachgewiesen ist (fehlt Godefroy), aber aus* escachier *sicher zu erschlieſsen ist. Also entweder nach anglonormannischer Art Verlust des Präfixes, oder im Franzözischen zu bessern* t'escachera.

489 *kann* tes *nicht fehlen, also besser:* Qui tes vertuz te confundra *oder* Totes tes vertuz confundra.

506. Ici] ,*hier auf Erden', opp.* en enfer.

521. *Wohl besser* Quil = Qui le, *wie 236.*

535. *Oder* Taut m'as mis tost en grant *perdicion.*

551. *Cest* Neutrum, *oder auf* enfer 548 *zu beziehen.*

557. qui = cui.

563. *Oder mit gröſserer Anlehnung an die Überlieferung* [Del] mien forfait mult iert longe retraite, *wobei letzteres sowohl ,Erzählung' als ,Buſse, Büſsen' bedeuten kann. Trotzdem das Wort im Altfranzözischen auſser der heutigen Bedeutung noch ein halbes Dutzend anderer hat, fehlt es doch in Godefroy.*

578. sui] *bessre* fui *und* 579 tien] *bessre* ting *Pf.*

587. *Wohl besser* tost; *übrigens würde man den Vers lieber nicht xerreifsen und* d'icest mesfait *mit dem fg. verbinden, was freilich ohne stärkere Änderung nicht angeht.*

585. fraiture] *soll nach Godefroy hier* infraction *bedeuten; davon ist, wie bereits das dem Sinn nach notwendige Futur* iert *xeigt, keine Rede. Es ist identisch mit dem prov.* fraitura *, Mangel', also synonym und stammverwandt mit* sofraite *und mit dem* paine *der vorausgehenden Zeile gleichbedeutend.*

122. vinctos] *wohl* cinctos, cincta *oder noch besser* vincula *xu bessern.*

604. acoveitise] *man kennt xwar* acoveitier *(x. B. in den Chartres-Wundern), aber nur* coveitise. *Also entweder englische Bildung oder* la coveitise *xu bessern.*

608. avra] *bessre* avreit.

611. asaer = asseeir.

612. qui la] *Hs.:* qsi ē quil, *d. h. er hatte in der Vorlage* qui la, *wo qui bereits ,wenn man' bedeutet, kennt es nicht und schreibt dafür:* si est quil.

619. que] *bessre* qui.

142. *Bessre entweder* qui .. respondeat *oder* cui .. respondenti dicet.

625. *Wohl besser* Ne faire ja vers deu revel Ne n'aies.

637. *Oder:* Del mal defende noit et jor, *wobei* nus *aus der vorigen Zeile fortgilt.*

639. escrit] *pafst nicht recht.*

646 *gibt das lat.* 149 Abel offeret agnum et incensum *wieder.*

653. *Die fehlenden vier Silben gehörten offenbar noch Abel an, etwa:* Puniz en iers *o. ä.*

655. *Vielleicht* Or les contez par testes *xu bessern, da* toit *(freilich nur als Neutrum möglich) xum fg. nicht pafst.*

657. *Vielleicht* Si l'ofriras *(nemlich* la disme*).*

660 *fehlt die Reimxeile, die wohl ganz Abel xufällt, und xwar vor* 660 *gestanden haben dürfte.*

693. destorber] *Verbalsubst. auf* -ier.

694. guenchir] guarir *läge näher.*

697. *Oder:* Or di por coi?

708. fesis] *es soll der Konj. stehen; vielleicht* (que) fesisses *oder* fesissiez; *vgl.* rendissiez 710.

711. *Oder* Les dismes et oblacions, *vgl.* 603.

712. porrez] *man erwartet entweder* porreies *oder* porrïez.

717. minas] ‚*hast mich hergeführt'*.

721. *Oder:* A deu pri qu'ait.

733. *Bessre:* m'e[n] — rimor] *oder* rumor, *letzteres würde der Balkenzahl in der Hs. genauer entsprechen, ersteres der anglon. Herkunft.*

735. *Besser:* Maleeiz iers tote ta vie.

739. *Konj. von* durer.

740. Que] *statt* qui, *ebenso* 781 Cui = qui, 806 que = qui.

795. asise] *t. t. jur. zuerst ‚Gerichtshof', dann auch Rechtsprechen, Richtspruch'.*

808. *Vielleicht besser* Contre dreit et contre raison.

811. avront] *im Sinn des Fut. Ex.*

818. E vus ducs del pople Israel *soll lat.* et consurget virga de Israel *wiedergeben! Der Sinn verlangt also:* E verge surdra d'Israel.

824. *Entweder* Le sun feeil *oder* Les suns feeils.

832. li saint] *damit ist* sanctus sanctorum *der lat. Lectio gemeint.*

843. li *statt* le.

851. as rais] *natürlich ‚den Königen bemerkbar', nicht ‚mit ihren Strahlen'.*

929. espeir, *hier* = esperance, *sonst nicht belegt, wiewohl es die etymologische Grundbedeutung ist. Sonst heifst dieses Subst. m. ‚Ansicht, Meinung'.*

937. La ou *des Schreibers ist als eine Silbe metrisch aufzufassen. Bei dem relativ hohen Alter der Abfassung mag ursprünglich* il *gefehlt haben.*

938. *Wenn* cler *wirklich nicht ursprünglich, dann ist an der Spitze der Zeile* Et *zu ergänzen.*

942 *will der Hg. kein Alinea ansetzen, vielmehr fafst er* 940—943 *als eine vierzeilige Strophe mit einem einzigen Reim (der hier blofse Assonanz ist) auf. Dann müfste* 938. 9 *eine Strophe für sich bilden, mithin zwei Zeilen ausgefallen sein. Nun zeigt eine Vergleichung mit dem lateinischen Texte, dafs hier keine Lücke ist. Vgl. das oben zu* 464 fg. *und* 530 fg. *Gesagte. Ich glaube deshalb, dafs der Dichter nach Belieben aufser* aaaa *auch* aabb *mischt. Dann ist der Ausfall von zwei Zeilen, um die Vierzahl der letzten Strophe herauszubringen, hinter* 943 *anzusetzen, was sich auch aus dem blofsen Sinne mit Notwendigkeit ergiebt. Denn Nabuchodonosor mufs ebenso wie es seine Vorgänger ohne Ausnahme in unserem Spiele thun, seine Prophezeiung auf Christus hinüberleiten und mit der Rettung Adams und des Menschengeschlechts durch Christum*

schliefsen. Der Übergang ist bereits mit le filz de deu *der
letzten Zeile gemacht.*
*Mithin ist schon aus diesem Grunde unser Spiel unvoll-
ständig. — Aber nach meiner Ansicht fehlt noch viel mehr,
nämlich nichts weniger als der ganze Schlufs. Damit dafs
Nabuchodonosor nach Abraham, Moses, Aron, David, Salomon,
Balaam, Daniel, Habakuk, Jeremias und Jesaias auftritt und
seine lateinische Lektio in der Volkssprache paraphrasirt, kann
das Spiel nicht schliefsen; denn so schliefst überhaupt keines
und dürfte es nach Zweck und Veranlassung desselben auch
nicht. Und zwar vermisse ich zweierlei: 1) das weitere Auf-
treten anderer Propheten, und zwar unbedingt welcher aus
dem Neuen Testament (Simeon, Elisabeth, Johannes der
Täufer), wobei es zweifelhaft bleibt, ob nicht auch heidnische
Propheten (Virgil, Sibilla) ihr Zeugnis noch. abgegeben
haben. 2) Das eigentliche Ende mufste aber ein Jubelgesang
sein, der mit der sicheren Hoffnung der Erlösung durch Christum
begann und dann Gott für seine Gnade dankte. Sehr wahrscheinlich enthielt dieser Schlufs noch eine Hinüberleitung
auf das kirchliche Fest, an dem unser Spiel aufgeführt
worden, was nach dem Umstande, dafs Adam und Eva im
Kalender vor Weihnachten fallen, wahrscheinlich Weihnacht
gewesen sein dürfte. Die Möglichkeit, dafs das Adamsspiel
nur gleichsam ein Vorspiel zu einem darauf folgenden Weih-
nachtsspiel* (Nativitas Christi) *oder gar noch Dreikönigsspiel
gewesen, ist nicht ausgeschlossen; allein je höher das Alter
unseres Gedichts ist, desto unwahrscheinlicher wird dieselbe.*

II. Fünfzehn Zeichen.

11. Que] *die Grammatik verlangt* qui; *s. oben die Anm.
zum Adam 111. Ebenso 21. 116. 193. 303.*

13. orz ‚Bären'.

24. 25. *Einen ähnlichen Ausfall, diesmal eine Warnung
vor Artusromanen, findet man in einer Übersetzung der Vie
des Peres, s. Cligés S. XXII.*

113. V. L. lies: E que.

146. fernicles] *ein auch lautlich recht merkwürdiges Wort,
das Godefroy noch mit dem gleichfalls anglonormannischen
Prothesilaus:* Et cil resteit chevalier pruz Et fernicles et mult
estuz *und aus einem Prosatext belegt, und das den verschiedenen Schreibern der einzelnen Hss. unseres Textes auch nicht
sehr geläufig gewesen sein dürfte* (fenicles, fornicles, funicles,
s. Godefroy).

194. cest] *Neutrum, wie noch* cel, *Formen, die sich meines Wissens nur in in England geschriebenen Texten finden.*

197. denz *als Adv. muſs ja selbstverständlich zuerst bestanden haben, bevor es Vorwort geworden ist. Aber es dürfte sich auſserhalb Englands (es findet sich im Beneit) in keinem Text mehr nachweisen lassen. Die Änderung* enz *liegt auf der Hand.*

199. dedenz *als Vorwort gebraucht ist sehr alt.*

209. Augustin *wird, ebenso wie Hieronimus (224) stets, sogar noch von Thomas von Aquino als Quelle für die fünfzehn Zeichen citiert. Es braucht nicht gesagt zu werden, daſs man in deren Schriften vergeblich etwas ähnliches sucht. Wegen Augustin vgl. Sepet, Prophètes, S. 7 f.*

214. juvableté] *˓Hilfe' ist sonst ebensowenig belegt als das demselben zu Grunde liegende* juvable.

224. Yerome] *Luzarche druckt* Yeroine, *um eine bessere Assonanz herzustellen, eine Form, die durchaus unmöglich ist. Die Hs. gibt* Yerome.

225. 226. *Vielleicht besser der Plural des Zeitworts.*

250. vertu] *im biblischen Sinn wie die* vertuz *der Zeile 227.*

251. despars] *hier in der Bedeutung von* despers *˓fürchterlich'; es ist schwer einzusehen, wie das Wort zu dieser seiner Bedeutung kommen konnte.*

272. destrez] *es reimt* avroiz : destroiz.

299. Nen] *s. zu Adam 6.*

312. tempest] *diese männliche Nebenform von* tempeste *und* tempesté *ist nicht selten anzutreffen.*

W. F.

Eine sprachliche Untersuchung des Adamsspiels, welches nach dem übereinstimmenden Urteil der Litterarhistoriker der Übergangsepoche vom liturgischen und lateinischen Drama zum weltlichen angehört und daher noch im 12. Jahrhundert entstanden sein muſs, ist bis jetzt meines Wissens noch nicht veröffentlicht worden.

Für die Entstehungszeit desselben findet sich sonst nicht der geringste Anhalt; ebensowenig für den Verfasser oder die Zeit und den Ort der Aufführung. Die Vermutungen Luzarches über den letzten Punkt (Luz. LVIII) sind reine Hypothesen und entbehren jeder sicheren Grundlage.

Die einzigen Anhaltspunkte für die Heimat des Dichters und die ungefähre Zeit der Abfassung des Textes sind allein in den sprachlichen Eigentümlichkeiten desselben zu suchen. Es sind daher das Versmaſs und die Reime zum Gegenstand der folgenden Untersuchung gemacht worden, da nur sie auf die ursprünglichen Sprachformen einen sichern Schluſs erlauben.

Die gewonnenen Ergebnisse sind ferner mit den sprachlichen Eigentümlichkeiten der Quatre Livres des Rois (nach P. Schlösser, „Die Lautverhältnisse der Q. L. d. R.", Bonn 1886), des Oxforder Psalters (nach Fr. Harseim, „Vokalismus und Konsonantismus im Oxforder Psalter" in Rom. Stud. IV, 273 ff.) und des Cambridger Psalters (nach W. Schumann, „Vokalismus und Konsonantismus des Cambridger Psalters" in Französ. Studien IV, 285 ff.) als den ältesten anglonormannischen Texten verglichen worden, um wo möglich die Altersstellung des Adamsspiels zu denselben auf Grund der einzelnen Spracherscheinungen bestimmen zu können.

I. Teil.

Versmaſs.

Das Adamsspiel, welches aus drei rein äuſserlich aneinandergereihten Teilen (Akten), dem Sündenfall, dem Brudermord und der dem hlg. Augustin zugeschriebenen Lectio von den Propheten Christi besteht, zählt in der auf uns gekommenen Überlieferung ungefähr 759 Achtsilbner, die an drei Stellen (48—115, 460—471 und 518—621), zusammen von 184 Zehnsilbnern unterbrochen werden; im ganzen also 943 Verse.

Dieses abwechselnden Versmaſses („à l'imitation des mystères latins" (G. Paris, Manuel S. 236)) hat sich der Dichter wohl mit Absicht bedient; den Achtsilbner wendete er in der lebhaften und flüssigen Rede an, den Zehnsilbner da, wo der Rede ein feierliches Gepräge aufgedrückt und eine bestimmte Wirkung erzielt werden sollte, wie bei der Einsetzung des Menschen ins Paradies, dem kurzen Monolog Evas, als sie ihre Sünde einsieht, der Klage Adams über den Verlust des Paradieses, der Reue und zuversichtlichen Hoffnung Evas auf Erlösung, den Ermahnungen Abels und der Weigerung Kains, den Zehnten zu opfern.

Während von den Achtsilbnern je zwei Verse zu Reimpaaren verbunden sind (denn die Assonanz *regard* : *quant* 270 : 71 ist unsicher, weil die Stelle lückenhaft ist und *par moi* 237 (: *saver*) wohl in *par voir* zu ändern), reimen bezw. assonieren von den Zehnsilbnern meist je vier Verse miteinander; zwei Verse finden sich nur gebunden an folgenden Stellen: 112 : 13, 114 : 15, 464 : 65, 466 : 67, 530 : 31 und 532 : 33. Assonanz bezw. Reim von vier Achtsilbnern findet sich nur 930—33, 934—37 und 940—43 offenbar beabsichtigt; wenn sonst vereinzelt vier aufeinanderfolgende Verse durch denselben Vokal gebunden sind, so dürfte das nur dem Zufall zuzuschreiben sein.

Zu 3, 660, (bei Personenwechsel) fehlt ein Reimvers, ohne daſs der Zusammenhang der Rede leidet. Die

Verse 127, 399, 653 und 665 zählen nur vier Silben;
da die drei ersten mit den vorhergehenden reimen, so
scheint ihnen die erste Hälfte zu fehlen; der letzte ist
jedoch ungebunden

Eine Lücke ist anzunehmen in 545—46; eine Ver-
stümmelung scheint ferner in 272 vorzuliegen.

An beliebiger Stelle im Verse kann die Rede enden,
in der Antwort jedoch wird die Silbenzahl des begonnenen
Verses vervollständigt.

Das Versmaſs ist nicht sonderlich genau überliefert;
es findet sich eine beträchtliche Anzahl von Versen, welche
eine oder mehrere Silben bald zu wenig, bald zu viel
zeigen. Diese kürzeren oder längeren Verse sind jedenfalls auf Rechnung des Schreibers zu setzen, welcher das
französische Versmaſs nicht verstand; denn wenn der
Dichter den Spielern die Anweisung giebt: „*in rithmis nec
sillabam addant nec demant*" etc. (*16*), so ist mit Sicherheit anzunehmen, daſs er regelmäſsige Verse von bestimm-
ter Silbenzahl gebaut hat. Bei einem Teil jener Verse
stellt sich die Verderbnis als durch die sprachliche Eigentümlichkeit des Schreibers verursacht heraus. Bei andern
macht der Sinn des Textes dieselbe zweifellos. Wie
wenig der Schreiber nach seinem Gutdünken zu ändern
sich scheute, zeigen z. B. die beiden letzten Verse 942,
943, die sich auf das vorhergehende „*le quart*" beziehen;
der Schreiber hat sie offenbar auf „*les trois (emfanx)*"
fälschlich bezogen. Bei vielen der verderbten Verse ist
jedoch mit Sicherheit nicht zu entscheiden, welche Ver-
änderung sie erlitten haben.

Bau der Verse. Die Achtsilbner haben männlichen
und weiblichen Ausgang; sie sind nach Belieben des
Dichters gemischt, jedoch so, daſs die Zahl der männlichen Verse diejenige der weiblichen bei weitem über-
wiegt; denn von den 759 Versen haben 571 männlichen
Ausgang, also ungefähr 75 %.

Was die Frage nach einer Cäsur in diesem Verse
angeht, so verdienten Beachtung: 17, 36, 139, 196, 199,
375, 398, 511, 711, 844, 858, 889, wo nach dem ersten

Hemistich eine überfließsende, unbetonte Silbe begegnete. In diesen Versen nun eine weibliche Cäsur anzunehmen, wäre nur gerechtfertigt, wenn in allen Versen eine Cäsur vorhanden wäre. Da nun die Zahl derjenigen Verse, die keine Cäsur nach der 4. Silbe zulassen, eine ansehnliche ist, so konnte von einer festen Cäsur·in unserm Denkmal, und somit auch von einer überzähligen Silbe keine Rede sein. Es war daher geboten, die genannten Verse gleich anderen mit überzähligen Silben zu reduzieren, auch wenn dieses nur durch gewaltsame Änderung möglich war.

Für die Zehnsilbner ist das Schema:

$$1\ 2\ 3\ \acute{4}\ (-)\ |\ 5\ 6\ 7\ 8\ 9\ \acute{10}\ (-)$$

anzusetzen. Die Strophen von männlich und weiblich endenden Versen sind beliebig gemischt; nur die 8 letzten des ersten Aktes (558—89, Evas Reue und Hoffnung) bestehen blofs aus weiblichen Versen. Das Verhältnis der männlichen Zehnsilbner zu den weiblichen ist ungefähr gleich; die ersteren betragen 52%.

Silbenzählung.

Elision und Hiatus.

I. Bei einsilbigen Wörtern.

A. bei *de*, *le*, *me*, *te* und *se* (= lat. *se*), ferner bei *ma*, *ta*, *sa* und *la* (= art. und pron.) findet E(lision) wie gewöhnlich statt. Der Text bot häufig die nicht elidierten Formen. Beispiele brauchen nicht angeführt zu werden. Nur scheinbar begegnete H(iatus) in 1, 92, 387, der jedoch leicht zu beseitigen war.

B. bei *ne*, *que* (cas. obl. und conj.) und *se* (*si*) (= lat. *si* und *sic*) findet sich teils E, teils H:

1. bei *ne*:

    a. = lat. *nec*.

      E: *ne͜a* 95.

      H: *ne* | *engruter* 87. *ne* | *Eve* 105.

b. = lat. *non*: nur E; vor Vokalen = *nen*: *nen*
a 245. *nen est* 377. etc.

2. bei *que* (auch *che*, *ke* und *qui* geschrieben):

a. = cas. obl.

E: *que⌣hom* 520. *que⌣il* 246. etc.
H: *ke* | *as* 390. *que* | *as* 392. *che* | *il* 811. etc.

b. = conj.

E: *q'a* 79. *qu'il* 514, 621. etc.
H: *que* | *Eva* 58. *que* | *isses* 99. *que* | *une*
918. etc.

In Zusammensetzungen:
H: *quanque* | *a* 256. *por qui* | *il* 557. etc.

3. bei *se* (*si*):

a. = lat. *si*.

α. = wenn: E: *si⌣ensi* 868. *s'il* 630; doch
fehlte dem Verse 1 Silbe.

β. = ob: nur E: *s'est* 727. *s'il* 669.

b. = lat. *sic*.

H: sichere Bel. sind: *si* | *ai* 540. *si* | *offriras* 657.

C. *je*, *ce*, *qui* und *li*:

1. *je* (meist *jo* geschr. (*ge* 6)), wechselt zwischen
E und H.

E: *jo⌣ai* 208. *j'en* 296. *jo⌣irrai* 676. etc.
H: *jo* | *ai* 320, 421. *jo* | *ensivrai* 675. etc.

2. *ce* (meist *co* geschr.) verhält sich wie *je*:

a. vor *est*.

E: *co⌣est* 624, 832. *ico⌣est* 780. etc.
H: *ce* | *est* 9, 10. *co* | *est* 156, 529. etc.

b. vor *iert*.

E: *co⌣iert* 704, 928. *ce⌣iert* 771. etc.
H: *co* | *iert* 129.

c. vor andern Wörtern.

H: *co* | *ad* 290. *co* | *a* 887. *co⌣entent* 548 ist
unsicher.

6*

3. *qui* = cas. rect. (auch *chi*, *ki* und *que* geschr.).

   a. = pron. rel. Es tritt sowohl nach dem sg. als auch nach dem pl. bald E bald H ein.

     E: α. = sg.: *que‿istra* 381.

       β. = pl.: *que‿istront* 554.

     H: α. = sg.: *qui | a* 467, 777, 819. *ki | ad* 65. *qui | ert* 822. etc.

       β. = pl.: *qui | estes* 855. *chi | estes* 857.

   b. = pron. interrog. nur H:

     α. = sg.: *chi | avrad* 346.

     β. = pl.: nicht belegt.

4. *li*:

   a. = art.

     α. = sg.: E ist nicht belegt. H *li | ainez* 674.

     β. = pl.: vor einem Vokal stand *li* nur einmal: *li angle* 939. Der Vers hatte eine überzählige Silbe; da *li* widersinnig war, so war es zu streichen.

   b. = dat. des pron. kommt in unserm Text vor Vokalen nicht vor.

II. Bei mehrsilbigen Wörtern.

A. in Verbalformen.

Das aus der lat. Endung *-at* der 3. pers. sg. praes. ind. der *a-* Verba und der 3. pers. sg. praes. conj. der *e-* und *i-* Verba entstandene *-e* wird vor Vokalen elidiert: *entre‿icist* 513. *face‿aie* 509.

Die E dieses *-e* beweist, dafs das End *-t* schon zur Zeit des Dichters geschwunden war. Über die Zeit des Abfalls cf. Suchier, Bibl. Norm. I, xxxix.

B. in andern Wörtern.

Wenn dem End *-e* vorausgeht

1. ein Vokal, so wird es elidiert: *manjue‿Adam* 292, 310. *prophecie‿averera* 804. etc.

2. ein einfacher Konsonant (oder Doppelkons.), so tritt E ein. Nur einmal fand sich scheinbar H in 234, wo er jedoch durch Einsetzung von *ico* statt *co* beseitigt werden konnte.

3. Muta + liqu., so begegnet in der Regel E. Es sind aber auch einige Fälle von H zu verzeichnen. Nach Mall (Comp. S. 31 fg.) kann in mehrsilbigen Wörtern auf stummes · *e* bei vorausgehender mehrfacher Konsonanz, meist jedoch bei muta + liqu., H stattfinden. Die betr. Verse, 445, 585 und 933 waren indessen auch leicht zu bessern.

4. eine mehrfache Konsonanz, so wird gewöhnlich elidiert. H erschien in 358, wo er durch Änderung der Wortfolge zu beseitigen war.

H ist noch zu verzeichnen in 32, 47, 436 nach einf. und in 907 nach mehrf. Kons., sowie in 883 nach muta + liqu. Dort ist er jedoch gerechtfertigt durch die logische Pause nach dem auf stummes *e* endenden Worte. Auch sonst ist in diesem Falle H nachgewiesen.

C. vor aspiriertem *h*.

Vor german. *h* tritt H ein: *la | hascee* 555, 560. Vor rom. *h* ist kein Fall von H belegt (*isse hors* 490 war in *issex hors* zu bessern).

Aus der Silbenzählung ergiebt sich ferner:

1. Die Endung -*iex* der 2. pers. pl. imperf. ind. ist zweisilbig: *avi|ex* 444. *est|iex* 793. Wenn dagegen -*iex* nicht auf lat. -*ebátis* beruht, so ist es einsilbig: *soiex* 510. etc.

2. Für die 1. pers. pl. sichert das Versmaß *om(s)*, -*um*: *alom* 641. *voloms* 600. *servum* 595. *seom* (imp.) 593. *seum* 594. etc. Die 1. pers. pl. praes. ind. von *estre* lautet *sumes* 590, 591 (= zweisilbig).

3. Die 1. pers. praes. ind. der *a*- Verba hat noch kein analogisches *e*; sichere Beispiele sind: *jo vus acoint* 242. *jo t'en chasti* 627. *j'en duit* 296. Dasselbe gilt für die 3. pers. praes. conj.: *que covoit* 90.

4. In Lehnwörtern bilden zwei Vokale, welche schon im Lat. im H standen und zwei verschiedenen Silben angehörten, im Franz. ebenfalls zwei Silben: cre|atur 7, 189 etc. sapi|ence 156. etc. Das Suffix -iónem in gelehrten Wörtern giebt -i|ón: oncion 837. vision 906. generacion 910. etc. In 51 (elfsilbig) war das gelehrte fricxion durch das volkstümliche fricon zu ersetzen. Dagegen mußte man in 711 (neunsilbig) entweder oblacions wie öfters im Rol. lesen oder schlechte Überlieferung annehmen. Das Suffix -iálem giebt -i|ál in dem gelehrten celestial 251. celestials 873. Das Suffix -iósum giebt -i|ús in dem gelehrten glorius 870.

5. Zwei Vokale, die erst im Afrz. durch den Ausfall des im Lat. zwischen ihnen stehenden Konsonanten in den H getreten sind, gelten für zwei Silben; z. B. wenn ausgefallen ist:

    a. eine Dentalis:

        d: fe|el 44. su|or 436. etc.

        t: e|age 97. po|este 249. etc.

    b. eine Gutturalis:

        g: li|ex 65. pa|is 491. etc.

        c: pre|er 121. o|il 130. se|urement 301. etc.

    c. ein h: tra|ineras 474. tra|in 486.

    d. eine Labialis:

        v: po|ur 207. vi|ande 476. po|eir 514. etc.

        b: avoi|e 413. avi|ex 444.

        p: se|usez 256.

Neben den zahlreichen, lautlich richtig entwickelten Formen waren jedoch einige Fälle zu verzeichnen, wo die im Frz. in den H getretenen Vokale anscheinend zu einer Silbe zusammengeschmolzen waren.

Nach Suchier (Aub. S. 27 ff.) ist dem Anglonorm. eigentümlich:

1. Das Verstummen eines unbetonten e vor folgendem Vokal, gleichviel ob letzterer betont oder unbetont ist. Daneben kann e auch seinen Silbenwert behalten.

2. Das Zusammenziehen zweier gleichen Vokale zu einem einfachen.

Um zu sehen, wie sich unser Dichter zu diesen sprachlichen Eigentümlichkeiten verhielt, ist es nötig, die betr. Fälle unseres Textes zu prüfen.

Die 2. pers. perf. ind. von *faire*, welche gewöhnlich zweisilbig ist (*fesis* 684, 708. *fais* 698, 713, 734), *mesfesis* 580 erschien einsilbig: *fis* 409 und *forfis* 556. Da beiden Versen eine Silbe fehlte, so war das unterdrückte *e* wieder einzusetzen.

In 395 fehlte gleichfalls eine Silbe; daher war *deuses* statt *duses* zu lesen.

In 314 war *peccheor* statt *pecchor* (voc.), in 897 *mireor* statt *miror* zu lesen.

Da *maleicon* in 425 und 736 viersilbig ist, so war in 543 der art. *la* (vor *nostre*) als entbehrlich zu streichen.

In 433 verlangte das Versmaſs *maleait* statt *malait*.

Die Wiedereinführung des *e* würde dagegen die richtige Silbenzahl überschreiten in 428, wo aber (wie in 427 und 429) dem Sinn entsprechend zu bessern war, da der Schreiber die Stelle miſsverstanden hatte. Ferner in 472, wo aus dem unten angeführten Grunde *soiez maleit* in *sois maleeit* zu ändern, und in 735, wo schlechte Überlieferung anzunehmen war; da überhaupt schon eine überzählige Silbe vorhanden war, so schien eine Änderung notwendig.

In 844 endlich erschien zwar *coneuz* mit vortonigem *e*, doch zählte der Vers 9 Silben. Da ein *conuz* vereinzelt in unserm Text dastehen würde, so schien auch hier eine Änderung geboten.

Zusammenziehung zweier gleichen Vokale lag vor in *rancon* 875, Die Silbenzählung verlangte *raancon*. Ferner in *gainnie* 403 und *gain* 448. Die älteren normannischen Formen sind *gaainnie* und *gaain*. Beiden Versen fehlte auſserdem noch eine Silbe.

Statt *preirai jo ja* 352 konnte man *preierai jo* lesen. In 439 (*guerreer*) war *de* entbehrlich.

Nach der obengenannten Eigentümlichkeit wären die Verbalformen *veez* 81, 150, 542, 690, *creez* 628 ein-

silbig zu zählen gewesen, wodurch man auch die richtige
Silbenzahl erhalten hätte. Diese Formen möchte ich je-
doch dem Schreiber zuweisen und zwar aus folgender
Erwägung:

Im Dialog bediente sich der Dichter gewöhnlich der
2. pers. sing. Bisweilen erschien jedoch auch die 2. pers.
pl. Sobald nun die 2. pers. pl. um eine Silbe gröfser war
als die 2. pers. sg., wurde fast immer die Silbenzahl überschritten. „Der plötzliche Wechsel der Person in derselben Satzverbindung ist freilich ein oft beobachteter
Vorgang" (cf. W. Foerster in Rich. li Biaus, Anm. zu
969). Für den Aub. bemerkt Suchier S. 8: „Eigentümlich ist auch die ungemein häufige Verwendung von ‚du'
und ‚ihr' im selben Satz bei der Anrede an dieselbe
Person. Freilich ist dies auch sonst nicht unerhört." cf.
Beisp. „Bei Langtoft liest man sogar: *tu faistes la des-
çayt* 1, 114 (*tu fecistis!*)." Wenn sich nun (analog diesem
letzteren Beispiel) in unserem Text *tu li devez* 11, *veez
le tu la* 150, *veez tu* 542 fanden, so lag es meines
Erachtens sehr nahe, diese Pluralformen auf Rechnung
des Schreibers zu setzen, für den Dichter aber die einsilbige Singularform anzunehmen. Es dürfte aber auch
nicht zu weit gegangen sein, das Gleiche für die übrigen Pluralformen, welche sich in Versen mit überzähligen
Silben fanden, anzunehmen, auch wenn die Herstellung
des Versmafses in anderer Weise möglich wäre. Im Sinne
dieser Erwägung wurde die Silbenzahl reduziert in: 11,
25, 81, 150, 169, 422, 472, 517, 542, 628, 660, 690,
889. War die Silbenzahl jedoch richtig, so blieb die
2. pers. pl. bestehen.

Für *poez* sei noch bemerkt, dafs es je nachdem eine
oder mehrere Personen angeredet werden, ein- oder zweisilbig (bezw. sg. od. pl.) ist; denn *oe* als Diphth. begegnet
auch sonst häufig.

Nachdem wir nun die Fälle, wo ein Verstummen
eines vortonigen *e* oder eine Zusammenziehung zweier
gleichen Vokale zu einem einfachen vorzuliegen schien,
erörtert und wir gefunden haben, dafs ein Teil sicher,

andere sehr wahrscheinlich vom Schreiber herrühren, so
kommen wir zu dem Schlufs, dafs der Dichter von den
genannten agn. Eigentümlichkeiten kaum Gebrauch gemacht
haben kann.

6. Zu der Silbenzahl einzelner Worte ist zu bemerken:

a. *nient* (*nec-*entem?*) 105 war jedenfalls zweisilbig
und *eisseroms* in *istroms* zu bessern, wie das fut.
von *issir* sonst in unserm Text lautet.

b. *neis* (*nec-ipse*) 237 ist zweisilbig; aber *nes* 515,
geb. aus *ne*, wäre einsilbig.

c. *aï* als Ausruf 370 ist zweisilbig; es war daher 328
und 356 zu ändern.

d. *maime* (*met-*ipsimum*) 657 ist dreisilbig.

e. *la ou* 937 ist einsilbig zu zählen.

7. Ausfall eines inlautenden tonlosen *e*: *curcerai* 213
war = *curecerai*, viersilbig, cf. *coroce* 379 = dreisilbig.
guerdon 424 war zwar zweisilbig, *gueredon* 702, 737 ist
aber dreisilbig. Daher war auch 424 *tel gueredon* statt
itel guerdon zu lesen, da unser Text die ältere Form verlangt. *recovrer* 525 ist dreisilbig; daher war auch *recovrer*
495 statt *recoverer* zu lesen und die fehlende Silbe zu ergänzen. *piete* 814 stand statt *pite* (*pitie*) = zweisilbig,
wie *pite* 511, 802, denn ein *pietie*, das der Reim verlangt,
giebt es nicht. *lassete* 499 war = *laste*, zweisilbig.

8. Das als orthogr. Zeichen für die konsonant. Aussprache des *v* dienende *e* (cf. Tobler, Vom franz. Versbau
etc. S. 32), welches hier auf das Versmafs keinen Einflufs
hatte, erschien in Futurformen wie *bevras* 52, *avras* 53,
savras 299, *vivras* 475, etc.; auch das obenerwähnte *recoverer* 495 war dazu zu rechnen.

Zwischen muta und liqu. war *e* eingeschoben: nach
t in *istra* 821, *istrex* 495 = zweisilbig, doch fehlte in
495 eine Silbe; nach *d* in *confundra* 825; auch hier war
e nicht silbenbildend. Diese Erscheinung ist dem pic.
und auch dem späteren agn. eigentümlich (cf. W. Foerster,
Aiol LI, Such. Aub. S. 41, W. Foerster, Chev. as II esp.
LVII, Koschwitz, Überl. S. 25). Der Dichter des Adamsspiels kannte sie nicht.

e fehlte, wo es bleiben mufste und wieder einzusetzen war in: *esterad* 57, *preierai*. 352, das schon oben
erörtert ist.

Sonst ist *e* unterdrückt in *donrai* 450, mit assim. *n*:
dorrai 49, *dorra* 785, 786, 875, *durra* 784 (doch fehlte
eine Silbe); *amerrat* 852, aber *demeneras* 56, wo etwa *tu
demerras* zu lesen wäre. Das fut. von *comperer* lautet
compera 583 = dreisilbig. In *deliverat* 815 liegt Um-
stellung von *re* vor. Der Verlust des Stammvokals fand
sich fast regelmäfsig im fut. von *faire*, wo er jedoch wiedereinzusetzen war, denn die wenigen Verse, deren Silbenzahl dadurch vergröfsert wurde, wenn sie nicht schon
überschritten war, standen einer grofsen Zahl anderer gegenüber, deren Silbenzahl richtig wurde. Die betr. Verse 158,
169, 645, 660, 673 und 690 waren in anderer Weise zu
bessern.

9. Das auslautende, dem Tonvokal folgende *e* hat sei-
nen Silbenwert bewahrt: *di|e* 366. *avoi|e* 413. etc.

Wenn das auslautende *e* von dem Tonvokal durch
einen Konson. getrennt ist, so zählt es ebenfalls als Silbe.
Beispiele sind nicht nötig. Häufig war dieses *e*, meist
vor folgendem Vokal, nicht mehr geschrieben, weil es der
Schreiber nicht mehr sprach. Es war jedoch bei der Silbenzählung stets zu berücksichtigen: *tute ta force* 31. *changee*
318. *traie* 351. *deie* 728. etc.

Statt der gelehrten Form *monde* 329 war die volks-
tümliche *mont* zu setzen.

Als nom. erschien *home* 93, 872, 931, wo das Versmafs nur *hom* = einsilbig dulden konnte (in den beiden
letzten Versen war aufserdem noch eine überzählige Silbe).

10. Die Wörter *come* (*cume*), *ore* und *encore* (*oncore*)
sind von dem Dichter je nach Bedarf ein- und zweisilbig
gebraucht worden. Ebenso auch *ele*. Die Silbenzählung
verlangte: *ele*, die ältere, zweisilbige Form in 355 und
417; *el*, die jüngere, einsilbige in 14 (wenn nicht *soit* in
est zu ändern ist), 487, denn *fra* war zweisilbig zu zählen
und 427, wo es aus *il* zu bessern war. Die zweisilbigen
Formen sind die älteren.

11. Auch die Wörter *onc(hes)* *unc(hes))*, *donc(hes)* sind vom Dichter nach Bedarf ein- und zweisilbig gebraucht worden: *onches* 372. *unches* 326. *onques* 740. *unc* 303. *onc* 914. *donc* 701. etc. Zu bessern war *onc* 614 aus *onches*, *donches* 177 aus *donch*.

12. Die bekannten Adjektiva der lat. III. Dekl. haben ausnahmslos nur eine Form für das masc. und fem. Beispiele bieten sich oft. Nur einmal fand sich *quele savor* 302, wo die Silbenzählung aber *quel* verlangte; *dolente* 538 ist adj. der lat. II. Dekl., kein part.

13. Deklination. Der Dichter schien, um die richtige Silbenzahl zu erhalten, das Deklinations-*s* zu vernachlässigen in 921: *message⌣en iert saint Gabriel.* Von den subst. auf *⌐re* erscheint der voc. ohne *s* gesichert: *sire⌣a* 40. *frere⌣Abcl* 610, 638. *sire⌣Ysaie* 882; mit *s* findet sich der nom. *traitres* 203; ohne *s* müfste nach *traitre* Hiatus eintreten, welchen allerdings die logische Pause entschuldigte.

Inklination.

a. Der praep. *de* und *a* mit dem art.:

    del: 166, 168, 189. etc.

    des: 61, 171. etc.

    al: 68, 90, 107. etc. *au* 347, 348.

    as: 670, 851.

Das Verwachsen der bei dem Infinitiv stehenden praep. mit dem Art. des von demselben regierten, ihm vorangestellten Nomens (cf. Tobler, Aniel, Anm. zu 5) findet sich 427: *al fruit porter.*

b. Der praep. *de* mit dem pron. *le*:

    del: 121, 604.

c. Der neg. *ne* mit dem pron. *le*:

    nel 119, 170, 284. etc.

d. Von *jo* mit *le*: *jol* 40, 58. etc. *jel* 82.

e. Der conj. *si* mit der neg. *ne*: *si'n* 295.

II. Teil.
Untersuchung der Reime.

Zur leichteren Übersicht der beweiskräftigen Reime unseres Dramas schicke ich eine Reimliste voraus, bei deren Anlage ich die von E. Stengel in der Zeitschrift für rom. Phil. IV, 465 empfohlene Methode berücksichtigt habe.

Den nach dem Alphabet geordneten Reimsilben folgen die etymologischen Wortausgänge, denen sich die mit Angabe der Stellen versehenen Belege anschliefsen. In denjenigen Fällen, wo verschiedene Vokale oder Diphthonge mit einander gebunden sind, die jedoch für die Sprache unseres Dichters als gleichlautend zu betrachten sind, füge ich den betr. Belegen die Bindung in Klammern bei. Wenn die Reime gleiche lat. Grundlage haben, mithin für die Sprache des Dichters keinen Aufschlufs geben können, so führe ich nur ihre Stellen an.

Fehlende Reime bezeichne ich mit (: 0) hinter denjenigen Belegen, zu denen sich ein entsprechender Reim nicht findet.

Bei Assonanzen setze ich die Bindung in Klammern hinzu.

Reimliste.

1. Vokale.

a.

I. männl. Ausg.

1. -a (-át).

-*ăbet*, fut. *voldra* 664. — 430 : 31, 488 : 89, 688 : 89, 740 : 41, 798 : 99, 804 : 05, 820 : 21, 824 : 25, 868 : 69, 918 : 19.

-*āc*, *la* 150. *ca* 663.

-*āvit*, *devia* 151.

2. -ál.

-*ālem*, m. *jornal* 137. f. *celestial* 251.

-**āli*, *egal*, *leal* 66, 67.

-*āllem*, *val* 229, 375.

-*ăllum, n. *cristal* 228.
-*ālum*, *pal* 65.
-*ălum*, *mal* 64, 136, 250, 374.

3. -*ăls*.

-*ālis*, adj. 872 : 73.

4. -*ălt*.

-*ălet*, *valt* 117.
-(c)*ălet*, *chalt* 116, 154.
-*ăllit*, *falt* 178.
-*ălte*, *halt* 179.
-*ălti*, adj. *halt* 800.
-*ăltum*, sbst. *halt* 155. *salt* 801.

5. -*ărd* (-*ărt*).

-*ărdum, sbst. vb. *regard* 270 (:-*ănt*).
-*ārtum*, *quart* 940 (:-*ăx*).

6. -*ăs*.

-*ăbbos, *gas* 887.
-*ăbes*, fut. *aguaiteras* 480. *morras* 716. — 52 : 53 : 54 : 55, 158 : 59, 260 : 61, 294 : 95, 474 : 75, 672 : 73.
-*ăsse*, *las* 121, 297.
-*ăssos*, sbst. *las* 813.
-*ăssum*, sbst. *trespas* 417. *bas* 812. neg. *pas* 120, 296.
?-*ăsum*, *ras* 481.
-*ăvisti*, *donas* 416. *minas* 717. *sonjas.* 886. — 410 : 11.

7. -*ăx*.

-*ātium*, *solax* 941 (:-*ărt*).

II. weibl. Ausg.

1. -*ăble*.

-*ābilem, n. f. *aceptable* 652.
-*ābula*, *fable* 653.

2. -*ăce*.

-*ăciam*, *face* 366.
-*ăciem*, *face* 401.
-*ăqueat, *enlace* 400.
-*ātia*, *grace* 367.

3. -áge.

-āginem, ymage 408.
-*āticum, corrage 233. oltrage 409. — 22:23, 36:37,
   96:97:98:99, 456:57, 460:61:62:63, 776:77.
-*ăvia, sage 232.

4. -áges.

-*āticos, n. pl. curages 864.
-*āticus, damages 865.

a + Nas.

I. männl. Ausg.

1. -án (-ám).

-am, Eigenn. voc. Adam 194.
-ānem, pan 435 (cf. 786).
-*ănum, n. sathan 195.
-*ănnum, hahan 434.

2. -ánt.

-ăndem, f. grant 930 (:-ánx), 936.
-*ăndem, n. m. grant 934. n. f. 464.
-ăndo, quant 118, 271 (:-árd).
-*ăndo, ger. curant 119.
-*ăndum, sbst. vb. comant 407.
-ăntem, sbst. semblant 3 (:0). 406.
-*ăntem, puissant 307, 943. ardant 933 (:-ánx), 937.
   n. m. suduiant 465. vivant 931 (:-ánx). n. f. bruiant
   935. obl. f. resplendisant 942.
-*ănti, reant 306.

3. -ánx.

-ănnos, anz 453.
-āntes, emfanx 452, 932 (:-ánt).

II. weibl. Ausg.

1. -ánce (-énce).

-āntia, emfance 275.
-*ăntia, sperance, acordance 586, 587. fiance 691. penitance 743.

-*ăntiam, dutance 274. mustrance, pussance 588, 589. provence 690. creance 742. — 216 : 17, 268 : 69, 718 : 19, 746 : 47.

2. -únde.

-*ănda, viande 476.
-*ăndam, lande 477.

e¹.

I. männl. Ausg.

1. -é.

-*ūdum, ble 648, 785.
-ūtem, bonte 245, 391. majeste 377, 783. bonte, volente 615, 616. volente 751, 796. benignite 784. clarte 822. — 26 : 27, 72 : 73 : 74 : 75, 192 : 93.
-*ūtem, aurte 498. n. verite 782. laste 499. iniquite 797.
-ūtum, sbst. gre 614, 750. adj. prive 698. part. donne 244, 649. ne 376. erre 390. refuse 699. — 894 : 95.
-*ūtum, n. dampne 617. enlumine 823.

2. -él.

-āle, ostel 644.
-*āle, el 645.

3. -ér.

-ūre, inf. veer 167. durer, duter 85, 86. doter 313. adeviner 443. — 426 : 27, 610 : 11 : 12 : 13, 774 : 75, 858 : 59. sbst. alter 634.
-*ūre, garder, engruter 84, 87. gabber 415. regarder 635. — 728 : 29.
-*ūrem, n. m. per 166, 414, 442. n. f. 312.

4. -éx.

-*ūdos, blex 727.
-ūtes, volentex 675.
-ūtis, asex 680.
-ūtus, ainex 674. provex 681. — 764 : 65.
-*ūtus, alex 726.

II. weibl. Ausg.

1. -ée.

-*āta*, *nee* 17, 357. voc. *desvee* 356.
-*āta, *brudlee* 360.
-*ātam*, part. *fourmee* 16. sbst. *meslee* 361.

ę.

weibl. Ausg.

-*ęcche* (-*ésche*).

-*ïccam*, *secche* 849.
-*ïppiam*, *cresche* 848.

ę.

I. männl. Ausg.

1. -*ęl*

-*ĕl*, Eigenn. voc. *Abel* 722. obl. *Israel* 818. *Emanuhel*
920. n. *Gabriel* 921.
-*ĕllum*, sbst. *aignel* 642. adj. *bel* 643, 938 (: -*iél*).
-*ĕllum, sbst. *revel* 625, 723, 819. adj. n. *bel* 624.

2. -*ęrs*.

-*ĕrnus*, *emfers* 222.
-*ĕrvum, n. *sers* 223.

3. -*ęrt*.

-*ĕrdit*, *pert* 715.
-*ĕrti*, *ouert* 160.
-*ĕrtum, n. *apert* 161.
-*ĕrvit*, *sert* 714.

4. -*ęs*.

-*ĕssum*, *apres* 676 (: -*áis*).

5. -*ęst*.

-*ĕst*, *est* 292.
-*āestum, n. *prest* 293.

II. weibl. Ausg.

1. -*ęle*.

-*ĕllam*, *novele* 840.
-*ĕllam, *cervele* 841.

2. -ę́re (-ę́rre).

-ĕrram, tere 4. terre 788, 834.
-*ĕrram, guere 5, 789, 835. guerre 620 (: -éigne).

3. -ę́rte.

-ĕrditam, perte 448.
-ĕrvitam, deserte 449.

4. -ę́stes.

-ĕstas, testes 655.
-*ĕst(i)as, bestes 654.

5. -ę́stre.

-*ĕssere, estre 256 (: -áistre), 308 (: -áistre).

e + Nas.

I. männl. Ausg.

1. -én.

-ĭnde, en 298 (: -ién).

2. -éns.

-ĕnsum, sens 31, 172. encens 646 (: -áins).
-*ĕnsum, sbst. vb. porpens 30, 173, 647. part. defens 148.

3. -ént.

-ĕnde, entent 548.
-ĕndit, atent 547.
-ĕndo, entent 685.
-ĕnte, coment 114, 196, 684. veirement 144. — 126 : 27,
    300 : 01.
-*ĕntem, nient 105.
-ĕntum, vent 107. torment 197. comandement 104, 145.   ˷
    — 14 : 15, 496 : 97.
-*ĕntum, sbst. vb. entent 143. sbst. n. chasement 106. talent
    115. trespassement 142. comencement, torment 546, 549.

4. -énx.

-*ĕntem + s, serpenx 441.
-*ĕntos, comandemenx 440.

II. weibl. Ausg.

1. -énce.

-*ĕntiam*, *sentence* 433, 763. — 156:57.
-*ēntiam, *semence* 432, 762.

2. -énde.

-*ĕndam*, sbst. *offrende* 569, 700. conj. *defende, rende* 566, 567. *rende* 701.
-*ĕndam, *amende* 568.

i.

I. männl. Ausg.

1. -*i*.

-*(c)ēdem*, *merci* 721.
-*īc*, *ci* 200.
-*īdo*, *defi* 720.
-*ītum, adj. n. *hardi* 201. part. 364:65.

2. -*if*.

īvum, *vif* 725.
-*īvum, *estrif* 724.

3. -*ifs*.

-*īvus*, *poetifs* 759 (:-*is*).

4. -*il*.

-*īculum*, *peril* 507.
-*ĭlium*, *eissil* 506.

5. -*ilz*.

-*īlius, obl. *filz* 752 (:-*ix*).

6. -*in*.

-*ĕnium*, *engin* 242.
-*īmen*, *train* 486.
-*īnem*, *fin* 351.
-*īnum*, *veisin* 350.
-*īnum, sbst. *gardin* 243. adj. *enclin* 487.

7. -ír.

-*īre*, *issir* 41. *oir* 125. *obeir, perir* 600, 601.
-*īre*, inf. *joir* 124. *joir, partir* 526, 527. *guenchir* 694.
— 138 : 39, 628 : 29. sbst. inf. *plaisir* 40, 695.
plaisir, tenir 598, 599. — 384 : 85.
-*īrem*, *air* 528.
-*īrum, sbst. vb. n. *sospir* 529.

8. -ís.

-*ēci*, *mesfis* 338.
-*ē(n)sem, pais* 491.
-**ē(n)si, apris* 927.
-*ē(n)sum, apris* 147, 208.
-*ēsi, perf. *asis* 82.
-*īcos, enemis* 758 (: -*ífs*).
-*īcus, amis* 83, 339.
-*īsi (st. -*ĕssi*), part. *asis* 793.
-**īsos, baillis* 792.
-*īsum, avis, paradis* 80, 81. *paradis* 146, 490, 512.
parais 209, 926. part. *occis* 731.
-*īsum (st. -*ĭssum*), *mis* 730.
-**īsus, faudis* 513

9. -íst.

-**ē(n)sit, prist* 362.
-**īsit, oscist* 363.

10. -ít.

-*īctum, dit* 638, 884. — 412 : 13.
-*īptum, escrit* 639.
-*īptum, n. *escrit* 533, 885.
-**jitet, ait* 352.
-**īttum, petit* 532.
-**ītum, trait* 353.

11. -íx.

-*īcem, raiz* 877.
-*īctos (st. -*ĭctos*), *dix* 876.
-*īctus (st. *ĭctus*), *contredix* 753 (: -*ílx*).

II. weibl. Ausg.

1. -íe.

-*īa, prophecie* 883, 890. *Marie* 922. voc. *Ysaie* 882.

-*īam, Marie* 381.

-**īam, seignorie, manantie* 60, 61 (: -*íne*). *seignorie* 249, 810. *maistrie* 444. *folie, folonie* 468, 469. *felonie* 734, 900.

-*īcat, signifie* 832.

-*īdat, ocie* 738.

-*īdiam, envie* 62 (: -*íne*).

-*īlliam, baillie* 508, 514.

-*īta,* part. *oie* 914. sbst. *vie* 915.

-**īta, haie* 470.

-*ītam, vie* 248, 334, 445, 471, 515, 735, 739, 811, 833, 891, 901, 923.

-**ī'ta, aie* 335.

-**ī'tam, aie* 380, 509.

2. -íne.

-*īna, veisine* 479. *mescine* 581. adj. *encline* 34, 63 (: -*íe*). 578.

-**īna, racine* 580.

-*īnam, discipline* 35, 579.

-**īnam, haine* 478.

3. -íre.

-*ĕ(n)ior, sire* voc. 386, n. 404.

-*īcere, contredire* 405.

-*īram, ire* 387.

4. -íse (-íce).

-*īcium, sacrifice* 603. *sacrefise* 754.

-*īsa (st. *ĕssa*), sb. *asise* 795.

-**īsam, guise* 47, 451. *devise* 605.

-**ītia, acoveitise* 604.

-*ītiam, justise* 602, 755, 794.

-*ītium, servise* 46, 450.

5. -í(s)me.

-**ĕcimam, disme* 656.

-**īpsimum, maime* 657.

6. -ive.

-īpam, rive 573.
-*īuha, eschive 571.
-īva, voc. chaitive 570.
-īvam, vive 572.

7. -ivre.

-īber, delivre m. 329, f. 538.
-ībrum, livre 541.
-īperam, guivre 539.
-īvere, vivre 328. sbst. inf. 540.

Q.

I. männl. Ausg.

1. -ǫr.

-ōrem, sbst. seignor 42, 288. iror, freur, dolor 92, 93, 95.
dolcor 303. suor 436. criator, amor, folor 594, 595,
596. amor 633, 636. furor 660 (: 0). clamor 732. error
902. — 28 : 29, 108 : 09 : 10 : 11, 188 : 89, 198 : 99,
206 : 07, 278 : 79, 320 : 21, 324 : 25, 668 : 69, 712
: 13, 878 : 79, 924 : 25. comp. forxor 43. halxor 289.
-*ōrem, tristor 632. mireor 897 (: -úr). n. peccheor 94.
criator 230 (: -ür). amor 597. rimor 733. voc.
savor 302.
-*ōrnum, sbst. vb. tor 503.
-ŭrnum, jor 437, 637, 903. sojor 502.

2. -ǫrs.

-ōres, dolors 337.
-ŭrsus, socors 336.

3. -ǫs (-ų́s).

-ōs, vus 511. vos 871..
-ōsum, glorius 870.
-ŭssi, rescos 510.

II. weibl. Ausg.

1. -ǫre (-ų́re).

-*ōra, demure 332.
-ōram, ore 311, 370, 518.
-*ōram, demore 310.

-*ōrat, aure* 520.
-*ŭper, sore* 371, 519.
-*ŭrrat, sucure* 333. *socore* 521.

2. -*ǫrne.*

-*ŭrnat, sojorne* 397.
-**ōrnum, morne* 396.

3. -*ǫte* (-*ŭte*).

-*ŭlta, ascute* 238.
-*ŭptam, rote* 239.

Q.

I. männl. Ausg.

1. -*ǫls.*

-**ŏllus,* adj. 220 : 21.

2. -*ǫrs.*

-*ŏris, fors* 19, 666.
-**ŏrpos, cors* 667.
-**ŏrpus,* obl. *cors* 18.

3. -*ǫrt.*

-*ŏrtem, mort, sort* 102, 103. *mort* 504, 705.
-**ŏrtem,* n. *sort* 317.
-*ŏrtum, ort* 182. *tort* 704.
-**ŏrtum,* sbst. vb. *deport, comfort* 100, 101. *deport* 183, 505.
-*ŏrtuum,* n. *mort* 316.

4. -*ǫs.*

-*ausum, clos* 880.
-**ausum,* sbst. vb. *repos* 881.

5. -*ǫt.*

-*audit, ot* 240.
-**ŭttum, mot* 241.

6. -*ǫx.*

-*ŏttus, sox* 170.
-**ŭttos, mox* 171.

II. weibl. Ausg.

1. -ǫle.

-ābulam, parole 218, 854.
-ǒlam, escole 219. scole 855.

2. -ǫse.

-ausa, chose 226.
-ǒsa, rose 227.

3. -ǫste.

-ǒsitam, poste 359.
-ǒsta, coste 358.

4. -ǫvre.

-ǒperam, ovre 842.
-ǒperat, ovre 843.

ǫ + Nas.

I. männl. Ausg.

1. -ǫn (-óun).

-ōmen, noun 9. non 744.
-ōn, non 152, 682.
-ōnem, raison, sermon, fricon 48, 50, 51. achaison 153.
  maleicon 425, 736. traison, perdicion, raison 534,
  535, 536. confusion, maleicon 542, 543. dilection,
  tencon 606, 608. sermon 640. traison 683. raison
  745, 826, 831. sablon 703. vision 906. leccon 911.
  — 20:21, 492:93, 766:67, 780:81, 808:09,
  836:37, 874:75.
-*ōnem, cumpainun 8. n. detraction 607. raison 641.
  baston 907. generacion 910. oncion 830.
-*ōni, chardon 544. felon 827.
-ōnum, don 49. gueredon 424, 702, 737.
-*ōnum, pardon 537. bandon 609.

2. -ǫns.

-ōnes, sbst. 710:11.

3. -ǫnt (-ǫnd).

-ŭndum, 254:55, 330:31.

II. weibl. Ausg.

1. -ǫme (-ǫmme, -ųmme).

-ōma, pome 304 (: -ǫme).
-ōmam, pome 191.
-ŭmma, somme 771 (: -ǫme).
-ŭmmam, summe 190.

2. -ǫne.

-ōna, done 262.
-ōnam, corone 263.

ǫ + Nas.

I. männl. Ausg.

1. -ǫms (-ųms).

-*āmus, fut. 670 : 71.

2. -ǫnt (-ųnt).

-*ăbunt, fut. 454 : 55, 458 : 59.
-ŏnet, somont 860.
-ŏntem, lamont 861.

II. weibl. Ausg.

1. -ǫme.

-ŏminem, home 770 (: -ǫmme).
-*ŏminem, n. home 305 (: -ǫme).

2. -ǫnte.

-ŏmputum, conte 393.
-ŏnitam, honte 392.

u.

I. männl. Ausg.

1. -ú.

-ūtem, vertu 247, 893.
-*ūtum, defendu 246. veu 892.

2. -ûr.

-ūrum, meur 896 (: -ǫr).
-*ūrum, n. dur 231 (: -ǫr).

3. -úx.

-*ūdus*, *nux* 388.
-*ūtus, *embaluz* 389. — 844 : 45.

II. weibl. Ausg.

1. -íe.

-*ūtam*, part. 446 : 47.

2. -úre (-óre).

-*ūra*, sbst. *creature*, *failure*, *cure* 76, 77, 79. *criature* 90.
   aventure 253, 318. *mesaventure*, *frailure* 582, 585.
   adj. *dure* 78, 584. *dore* 319.
-*ūram*, *nature*, *mesure* 88, 91. *figure* 252. *engendreore*
   583. — 778 : 79.
-*ūram, *falture* 89.

2. Diphthonge.
ai.

I. männl. Ausg.

1. -ái.

-*ăbeo*, praes. *ai* 1, 379. fut. *crerai* 284. — 6 : 7, 132 :
   33, 140 : 41, 210 : 11, 322 : 23, 696 : 97.
-*ăbio, *sai* 2, 280.
-*āgio, *asai* 285.
-*āe*, *gwai* 419.
-*āvi*, *esaiai* 281. *nomai* 378. *mangai* 418.

2. -áil.

-*āculum*, *travail* 483.
-*ălleum*, *mail* 482.

3. -áis.

-*āxos, *relais* 677 (: -*és*).

4. -áit.

-*āc(i)tum*, *plait* 343, 345 (: -*óit*).
-*āctum*, *retrait* 291, 315. *trait* 349.
-*ăctum*, *fait* 290, 314.
-*ăctum, n. *mesfait* 342, 348.

5. -*áiz*.

-*ūcem*, *paix* 709.
-*āctos, *faix* 708.

II. weibl. Ausg.

1. -*áille*.

-*ăleat*, *vaille* 340.
-*āliam, *devinaille* 904.
-*ăllia, *faille* 905.
-*ălliam, *faille* 341.

2. -*áire*.

-*āgere, *atraire* 163, 552. *traire* 185. *retraire* 577.
-*ūcere*, *faire* 162, 184, 576.
-*āria*, *contraire* 553.
-*āriam, *aire* 574.
-*ūrium*, *contraire* 575. *duaire* 551.
-**c)ārium*, *viaire* 550.

3. -*áires*.

-*ūjor* + *s*, *maires* 828.
-*ārios, *contraires* 829.

4. -*áistre* (-*ę́stre*).

-*āgistra, *maistre* 257 (: -*ę́stre*), 309 (-*ę́stre*).
-*āgistrum, *maistre* 909.
-*āscere, *nestre* 908.

5. -*áite* (-*éite*).

-*ūcta*, *retraite* 563.
-*ūctam*, *suffraite* 565.
-*ūcta*, *mesfeite* 562.
-*aitat, *dehaite* 564.

ai + Nas.

I. männl. Ausg.

1. -*áin*.

-*ūnem*, *pain* 786 (cf. 435).
-*ānem, voc. *Evain* 24, obl. 592, 787.
-*āni*, sbst. *germain* 590. adj. *vilain* 593.

-*ānum*, *vain* 25, 429. *premerain* 591. *sain* 899. *certain* 851 (: -*áin* = lat. -*ōen*).
-*ănum*, *main* 428, 898.

2. -*áins* (-*éins*).

-**ănos*, *mains* 149 (: -*éns*). 760, 917.
-*ānus*, *vilains* 761. *lointeins* 916.

II. weibl. Ausg.

1. (-*áigne*) -*éigne*.

-*ăngat*, *pleigne* 621 (: -*érre* : -*éigne* = lat. *ĭn˜*).

2. -*áine*.

-*ānam*, *semaine* 501 (: *áine* = lat. -*ōēna*).

el (*oi*, *ai*, *e*).

I. männl. Ausg.

1. -*éi* (-*ói*, -*ái*).

-*ē*, *moi* 128, 186, 202, 215, 272, 422, 622, 749, 773.
— *toi* 204, 234, 286, 398, 485, 679. — 12 : *13, 224 : 25.
-**ēdum*, *conroi* 382, *conrei* 484.
-*ēgem*, *loi* 769, 790, 806. *roi* 838.
-**ēgem*, n. *lei* 839.
-*ētum*, *secroi* 772.
-**ĭco*, *otrei* 129, 665 (: Ø).
-**ĭcum*, sbst. vb. *otroi* 423.
-*ĭd*, *quoi* 205, 399, 623, 678.
-*ĭdem*, *fei* 187. *fai* 235. *foi* 203, 214, 287, 383, 748, 791, 807.
-*ĭdeo*, *voi* 768.
-*ĭētum*, *recoi* 273.

2. -*éil* (-*áil*, -*él*).

-**ēlem*, n. m. *fiel* 11. n. f. *feel* 44..
-*ĭculi*, *pareil* 264.
-*ĭculum*, *pareil* 354.
-**ĭculum*, n. *pareil* 10. *parail* 372.
-*ĭlium*, *conseil* 45, 265, 355, 373..

3. *-éir* (*-óir*, *-ér*).

-*ēre*, inf. *veer* 889. *aver* 123. sbst. inf. *veer* 282.
-*ēre, inf. *saveir* 122, 135. *saver* 236. *savoir* 686. sbst.
  inf. *sauer* 283. n. *veer* 259. *maner*, *veer* 522, 523.
-*ērum*, *veir* 134, 928. *voir* 237, 258, 524, 650, 687.
  sbst. *soir* 651.
-*ērum, sbst. verb. *espoir* 525. *espeir* 929. adj. n. *voir* 888.

4. *-éirs*.

-*ēres*, *eirs* 757.
-*ērus*, *veirs* 756.

5. (*-éis*), *-áis*, *-óis*.

-*ēges*, *rois* 852.
-*ēs*, *trais* 853.

6. *-éit* (*-óit*).

-*ēbat* 276 : 277.
-*ēctum*, *droit* 344 (: *-áit*) 473.
-*ĭctum*, *maleeit* 472.

II. weibl. Ausg.

1. (*-éie*), *-óie*.

-*ĭam*, *voie* 517.
-*ĭcat*, *afoloie* 59 (: *-ρie*). *flambloie* 516.

2. (*-éies*), *-áies*, *-óies*.

-*ĭas*, *voies* 862.
-*ĭgas, n. *raies* 863.

3. *-éille*.

-*ēla, *steille* 816.
-*ēlam, *esteille* 847.
-*ĭcula*, adj. *vermeille* 817. sbst. *oreille* 913.
-*ĭculam, *oeille* 466.
-*ĭliat*, *conseille* 467.
-*ĭliam*, *merveille* 846. 912.

ei + Nas.

I. männl. Ausg.

1. (-éin) -áin.

-ōenum, fain 850 (: -áin = lat. ā + n).

II. weibl. Ausg.

1. -éigne.

-ĭngat, feingne 619 ⎫
-ĭgnat, enseigne 618 ⎭ (: -ę́rre : -éigne = lat. ă + n˜).

2. (-éine) -áine.

-ĭnat, demaine 369.
-ōena, paine 500 (: -áine = lat. ā + n).
-ōenam, paine 368.

ié.

I. männl. Ausg.

1. -ié (-é).

-iet)ātem, pite 802, 814.
-c)ātum, part. mangie 266. sbst. marchie 326. pecche 815.
-*c)ātum, n. pecchie 327.
-i)ātum, esleecie 803.
-*i)ātum, changie 267. gaainnie 403.
-*ĕtum, deve 402.

2. -iél.

-āēlum, ciel 939 (: -ę́l).

3. -ién.

-ĕm, rien 71, 131, 165, 213, 707, 867.
-ĕne, adv. bien 68, 130, 164, 212, 299. (-én) 706. 866.
    imp. tien 69.
-ĕ(u)m, mien 70.

4. -iér (-ér).

-c)āre, sbst. inf. mangier 420.
-i)āre, chalengier 494. vergugnier 395.
-ic)āre, guerreer 439.
-c)ārium, luer 659 (: - uę́).

-*i*)*ārium*, *provender* 175. *jardenier* 181. *recovrer* 495.
  destorber 693.
-*c*)*ārum*, *chier* 32, 180.
-*i)*ĕrem*, n. *mullier* 33. voc. *muiller* 438. obl. *moiller* 421.
-*ĕri*, *er* 174. *ier* 394.
-*ĕrium*, *mestier* 692.

5. -iéz.

-*c)*ātos*, *pecchiez* 631.
-*c*)*ātus*, *apaiez* 630.

II. weibl. Ausg.

1. (-iée) -ée.

-*c*)*āta*, *jugee* 556, 561.
-*c)*ātam*, *hascee* 555. 560.
-*i)*āta*, sbst. *lignee* 856. part. *changee* 557.
-*i)*ātam*, sbst. *lignee* 554. part. *blastengee*, *reprochee* 558, 559.
-*ion*)*ātam*, *maisnee* 857.

ǫl.

I. männl. Ausg.

1. -ǫil (-ýil).

-*ŏlio, *voil* 627.
-*ŏlium*, *orguil* 626.

II. weibl. Ausg.

1. -ǫie.

-*auca*, *poie* 57
-*audiam, *ioie* 56 } (: -*ǫie* = *éie*).
-*audiat*, *oie* 58

2. -ǫire (-ǫrie).

-*ōriam*, *gloire* 39, 347, 531.
-*ŏria*, *memoire* 530.
-*ŏriam*, *memorie* 346.
-*ōriam, *adjutoire* 38.

ui.

1. *-úit* (*-óit*).

-ŏdiet, enoit 113.
-úctum, deduit 112. — 168 : 69, 176 : 77.

ue (*oe*).

1. *-oéf.*

-ŏvem, noef 661.
-*ŏvum (st. *ŏvum*), *oef* 662.

2. *-uér.*

-*ŏr, obl. *cuer* 658 (: *-ér* = *-iér*).

Grammatik der Reime.

A. Vokalismus.

Der Vokal a.

Bei dem Vokal *a* begegnen wir keinen Schwierig-
keiten, da die Reime ohne Ausnahme rein sind, *a* also
immer nur mit sich selbst gebunden ist.

Zu bemerken ist lat. *malum*, welches nur als *mal*,
nie in der Form *mel* erscheint; es ist gesichert durch den
Reim *mal* 374 (: *val*). Auch im O (S. 276), C (S. 14), sowie
in den Q. L. d. R. (S. 8) begegnet für *malum* stets *mal*.

Die Wörter auf lat. *-álem*, die im Altfrz. bald ihr *a*
behalten, bald dasselbe der Lautlehre gemäfs za e^1 ent-
wickeln, zeigen meist die gel. Form *-al: jornal* 137
(: *mal*), *celestial* 251 (: *mal*). Anders im O. Dort erscheint
in der Endung *-ális a* durchweg als *e* (S. 276), während
im C (S. 14) sich teils *a*, teils *e* findet. Letzteres gilt auch
für die Q. L. d. R. (S. 7).

Die Entwicklung von *a* vor *l* in lat. off. S. s. unter e^1.

Für die 3. Pers. Sg. Praes. Ind. von *chaloir* sichern
die Reime *chalt* 154 (: *halt*) etc. *a* ist also als in geschl.
Silbe stehend behandelt worden; von *valoir* lautet dieselbe
Form, wie auch sonst ausnahmslos, *valt* 117 (: *chalt*), die
durch Angleichung an die endungsbetonten Formen entstanden ist.

Lat. -*ábilem*, -*ábulam* begegnet nur in der frz. gel.
Form -*áble: aceptable: fable* 652 : 53. Dieselben Formen
zeigen auch O (S. 277), C (S. 13) und Q. L. d. R. (S. 6).

Das Suffix -*áticum* giebt ausnahmslos -*áge: corrage*
233 (: *sage*). Dieser Reim ist zwar nicht beweisend, doch
muſs die Form -*áge* auch dem Dichter angehören, da -*áige*
nur dem Osten und Nordosten Frankreichs eigentümlich
ist. In der Behandlung dieses Suffixes stimmt unser Denkmal mit O (S. 277), C (S. 13) und Q. L. d. R. (S. 6) überein.
Für **sabius* bietet C *sages* als einzige Form (S. 13), während
O neben *sages saives* hat (S. 278). *sage* begegnet in den
Q. L. d. R. achtmal, daneben *saive* viermal (S. 6).

Das Suffix -*áginem* ist in dem Lehnwort *ymage*
ebenfalls zu -*áge* geworden: *ymage* 408 (: *oltrage*).

Cons. + *j* bildet Position; beweisend ist die Assonanz
solax 941 (: *quart, resplendisant* etc.). Dasselbe gilt für
O (S. 278), C (S. 13) und Q. L. d. R. (S. 6).

Für die bekannten einsilbigen Wörter, welche *a* in
off. Silbe bewahren, finden sich folgende Reime: *la* 150
(: *devia*), *ca* 663 (: *voldra*). Die Q. L. d. R. weisen ebenfalls
cha, la etc. auf (S. 7).

Besonders zu erwähnen sind: *pal* (*pālum*) 65 (: *mal*)
statt *pel*. Dunkel ist *ras* 481 (: *aguaiteras*).

Aus obigem geht also hervor, daſs sowohl der Dichter als auch der Schreiber in ihrer Sprache nur reines *a*
gekannt haben, also nur -*á*, -*áble*, -*áce*, -*áge(s)*, nicht -*ái*,
-*áule*, -*áice*, -*áiges*.

a + Nasalis.

Ebensowenig wie bei dem Vokal *a* findet sich bei
der Lautgruppe *a* + Nas. irgend welche Schwierigkeit; die
Reime sind alle rein, eine Mischung mit *e* + Nas. kommt
nicht vor; denn in *provence* 690 (: *fiance*), das dem Schreiber angehört, liegt das Suffix -*ántia(m)* zu Grunde.

Das Part. Praes. der Verben der lat. 2. u. 3. Conjug.,
wo Suchier ein Schwanken zwischen -*ént* und -*ánt* im
Norm. konstatiert hat (Biblioth. Norm. I, 69), zeigt stets

die Endung der 1. Conjug. *suduiant* 465 (: *grant*). *vivant,*
ardant 931, 933 (: *grant, emfanz*). *bruiant, ardant* 935,
937 (: *grant*). Ebenso auch das Gerund.: *curant* 119
(: *quant*).

Über *penitance* 743 (: *creance*) s. Pohl, Untersuch.
der Reime in den Dichtungen des Maistre Wace, S. 27,
wo dieses Wort als eine unter der analogischen Einwir-
kung der Partizipialendung -*ánt* gebildeten Form — (*poe-
nitere, poenitant, poenitantia*) erklärt ist. Nach Koschwitz,
Überlief. etc. S. 54 hat im Altfrz. eine Verwechselung der
lat. Endungen -*ántia* und -*éntia* stattgefunden.

viande 476 (: *lande*) lehrt, dafs es auf lat. **vivanda,*
nicht auf *vivenda* zurückzuführen ist.

Im O (S. 277), C (S. 18) und den Q. L. d. R. (S. 12)
ist *a* + Nas. + Cons. ebenfalls regelmäfsig erhalten.

Zu erwähnen bleibt noch der Reim *hahan*: *pan*
(*panem*) 434 : 35, weil *a* in offener Silbe nicht zu *ai* wie
sonst geworden ist. In *pain* 786 (: *Evain*) dagegen liegt
die regelmäfsige Entwicklung vor, cf. -*áin*. Auch im C
finden sich zwei Beispiele, wo *a* in off. S. vor Nas. geblieben ist: *sane* und *mans*, die nach Schumann S. 17
als fehlerhaft, vielleicht auch als Latinismen zu betrachten
sind. In unserm Denkmal ist also diese Entwicklung
durch den Reim gesichert.

Der Vokal e¹ (aus lat. *a* in off. S.).

Auch bei *e¹* ist eine völlige Reinheit der Reime fest-
zustellen, da *e¹* stets mit sich selbst gebunden ist.

Die Subst. auf -*té* von lat. -*itátem* haben *e¹* in gel.
Bildungen sowie in solchen Wörtern, wo der Endung -*té*
ein Consonant vorausgeht.

pitie gehört zu denjenigen Wörtern, in denen durch
den Einflufs eines vortonigen *i* das betonte *a* zu *ié* diph-
thongieren kann (cf. Koschwitz, Überl. S. 46). Neben der
Form auf -*ié* begegnet aber auch diejenige auf -*e*, in
manchen Texten oft beide nebeneinander. In unserm
Text steht es im Reim zweimal als *pite* (hdschrftl. einmal

piete); es ist jedoch beidemale mit Wörtern gebunden, denen nach dem Bartsch'schen Gesetz -*ié* zukommt: *pite*: *esleecie* 802 : 03. *pite*: *pecche* 814 : 15.

In 814 verlangte auch das Versmafs die um eine Silbe kürzere Form *pite* (cf. Silbenzhlg. 9).

Unter *a* wurde die Entwicklung von lat. -*álem* zu -*ál* besprochen. Für die Entwicklung zu -*él* bieten die Reime nur die Beispiele: *ostel* 644 (: *el*, von *ale, das von *alis*, *alid* nach Analogie von *qualis* und ähnl. entstanden ist). Fälschlich war *ie* geschrieben statt *e* in *alter* (*altare*) 634 (*regarder*). Es gehörte dem agn. Schreiber an, der in seiner Sprache nur *e* kannte, und daher auch vielfach das *ie* seiner Vorlage mit *e* wiedergab (cf. Diphthg. *ié*). So schrieb er auch irrtümlich *ie* statt *e*, wo es lautlich nicht berechtigt war.

Der Vokal ẹ (= lat. ĭ in geschl. S.).

Unser Denkmal bietet keinen männlichen Reim auf *ẹ*. In dem weiblichen Reim *creche*: *secche* 848 : 49 ist *ẹ* mit sich selbst gebunden. Es ist also nicht mit Sicherheit zu schliefsen, ob in der Sprache des Dichters *ẹ* noch eine von *e*[1] und *ẹ* verschiedene Aussprache gehabt hat. Die Annahme einer Trennung dieser Laute ist nicht unmöglich bei der Reinheit der übrigen Reime unseres Dichters.

Der Vokal ę (= lat. ĕ in geschl. S.).

Gehen wir die Reime einzeln durch, so erscheinen: I. mit männlichem Ausg.:

1. -*ęl*, 11 Reimwörter, welche aus 4 Eigennamen auf -*ęl* (*Abel* 722, *Israel* 818 (: *revel*) und 7 Wörter auf -*ęl* = lat. -*ĕllum* bestehen. 5 Reime sind rein, ein einziges Mal ist auffälligerweise *ẹ* : *ié* in *bel* : *ciel* 938 : 39 gebunden; (cf. *en* : *bien* 298 : 99).

2. -*ęrs*, 2 Reimw. *e* geht auf lat. ĕ zurück. *emfers* (*infĕrnus*) : *sers* 222 : 23.

3. *ęrt*, 4 Reimw., deren Vokal auf lat. ĕ beruht.

4. -*ę́s*, 1 Reimw., es ist *ę* mit *ai* aus *a + i* Element gebunden: *apres* : *relais* 676 : 77.

5. -*ę́st*, 2 Reimw., denen lat. *ĕ* bez. * āē* zu Grunde liegt: *est* : *prest* 292 : 93.

II. mit weiblichem Ausg.:

1. -*ę́le*, 2 Reimw. -*éle* ist = lat. -*ĕllam*.

2. -*ę́re* (-*ę́rre*), 7 Reimw.; dreimal steht *guere* im Reim mit *tere* (*terre*), einmal assoniert *guę́rre* 620 mit *ei + n˜* (aus lat. *ĭ + n˜* und *ă + n˜*).

3. -*ę́rte*, 2 Reimw. mit *ę*: *perte* : *deserte* 448 : 49.

4. -*ę́stes*, 2 Reimw. mit *ę*: *testes* : *bestes* 653 : 54.

5. -*ę́stre*, 2 Reimw., der Inf. *estre* ist zweimal mit *maistre* gebunden, also *ę* : *ai* (= lat. *a + i* Elem.).

Was die Entwicklung des *ĕ* in geschl. S. in andern Texten angeht, so bleibt es ebenfalls im O (S. 282), C (S. 23) und den Q. L. d. R. (S. 21) erhalten; auch im Suffix -*ĕllum* = -*ę́l;* folgt auf -*ę́l* flex. *s*, so wird *e* zum Teil zu *ea* gebrochen. Unser Denkmal bietet im Reim kein Beispiel für diese Brechung.

Aus obigem geht hervor, daſs weder unter den männlichen noch bei den weiblichen Reimen ein Fall von Mischung mit *e*[1] oder *ę* begegnet.

Fassen wir nun die in Bezug auf die *e*-Laute gewonnenen Resultate zusammen, so ist zu schlieſsen, daſs der Dichter vielleicht noch drei *e* kannte, 1) das aus lat. *a* in off. S. entstandene *e*[1], 2) das aus lat. *ĭ* in geschl. S. entst. *ę* und 3) das aus lat. *ĕ* in geschl. S. enstandene *ę*.

e + Nasalis.

Bei der Besprechung von *a* + Nas. ist schon bemerkt worden, daſs eine Bindung von *an* mit *en* in unserm Texte nicht vorkommt. Daſs diese Auseinanderhaltung in der That durch die Verschiedenheit der Laute bedingt ist, zeigt die Bindung von *en* : *ain* in *defens* : *mains* 148 : 49. Der Lautwert von *en* = *ęn* gestattete ferner dem Dichter die Bindung *en* : *bien* 298 : 99 (cf. *bel* : *ciel* 938 : 39), die

allerdings vereinzelt in unserm Texte dasteht, dem der
Reim *comandement* : *nient* 104 : 105 vielleicht noch an die
Seite zu setzen ist.

Von den von P. Meyer, Mémoires de la Soc. lin-
guistique de Paris I, 244 ff. verzeichneten Wörtern, die
bald mit *an,* bald mit *en* reimen und sich auch in solchen
Denkmälern verschieden gebunden finden, welche *an* und
en sonst scheiden, finden wir in unserm Denkmal *nient,*
talent nur mit *en* gebunden. *nient* 105 (: *comandement*),
talent 15 (: *comandement*).

offrende 569 (: *defende* etc.), 700 (: *rende*) ist auf lat.
offerenda zurückzuführen (cf. it. *offerenda;* vgl. noch prov.,
spanisch und portugiesisch).

Die Bindung von lat. *in* mit lat. *en* ist ohne weitere
Bedeutung.

Auch im O (S. 282, 287), C (S. 25, 30) und den Q. L.
d. R. (S. 25, 32) bleibt *e* vor gedecktem Nasal intakt, ist
also streng von *a* + N. + Cons. geschieden.

Der Vokal i.

Die Reime von *i* verdanken ihr *i* zum gröfsten Teile
lat. *ī* in oder aufser Position, zum geringeren Teile lat. *e,*
welches durch den Einflufs eines vorhergehenden oder
folgenden *i*-Elements (*i* oder Guttur.) zu *i* umgelautet
wurde. Alle diese auf verschiedenen Grundlagen beruhenden *i* sind untereinander gebunden.

Von besonderer Wichtigkeit ist die Thatsache, dafs
sich auch *ĕ* + *i*-Elem. zu *i* entwickelt hat, wie zu ersehen ist aus dem Reime *disme* (*dĕcimam*) : *maime* (*metipsimum*) 656 : 57, dies könnte zwar auch *dęsmes* : *męęs-
mes* sein, wenn es nicht durch den Reim *engin* (*ingĕnium*):
gardin 242 : 43 ausgeschlossen würde.

Was nun das Verhalten von *ĕ* + *J* im O angeht, so
bildet *ĕ* mit folg. einf. Palat. den Diphthong *ęi.* Neben
ei findet sich jedoch schon mehrfach fremdes *i* (S. 282).

Im C hat sich *ĕ* + *J* durch die Zwischenstufe *iei* zu *i*
entwickelt (S. 25). Ebenso in den Q. L. d. R. (S. 25).

Durch Umlaut (cf. W. Foerster, Zeitschr. für rom. Phil.
III, 481 fg.) ist *i* entstanden:

1. in der Perfektform *mesfis* (*minusfēci*) 338 (: *amis*);
O (S. 254), C (S. 31) und Q. L. d. R. (S. 34) bieten gleichfalls *fis*;

2. in *maime* (*met-*ipsimum* 657 (: *disme*). O hat
meisme gegenüber *meesme*, *medesme* (S. 287), im C ist die
gewöhnliche Form für *metipsimum meesme*, selten *meisme*
(S. 31); in den Q. L. d. R. erscheint *metipsimus* gewöhnlich
als *meime*, hie und da auch als *meisme*, oder mit adv. *s*
als *meimes* und *meismes* (S. 35);

3. in dem lat. Suffix -*itium*, -*itiam*, das in der Form
-*ise* begegnet. Auch die gel. Endung -*ice* fand sich einmal
in *sacrifice* 603; der Reim mit *devise* 605 lehrt jedoch,
dafs für den Dichter -*ise* anzusetzen ist. -*ise* sichern *servise*: *guise* 46 : 47, 450 : 51; ferner *justise*: *asise* 794 : 95.

Lat. *servitium* ergab also *servise*, nicht *service*, welches
eine jüngere Form ist (cf. W. Foerster, Cligés LVII).
In der Form -*ise* und -*ice* begegnet das Suffix auch
im C *sacrefise*, *justise*. und *justice*, *coveitise* etc. (S. 32)
und den Q. L. d. R. *servise*, *sacrefise*, *cuveitise*, *justise*,
avarice etc. (S. 35);

4. durch Vokalsteigerung des *c*: *merci* 721 (: *defi*). O
(S. 284), C (S. 32) u. Q. L. d. R. (S. 35) haben dieselbe Form;

5. nach eingetretener Ersatzdehnung: *pais* (*page(n)sem*)
491 (: *paradis*), *apris* (*adpre(n)sum*) 147 (: *paradis*) etc.,
sire (*sēnior - sēior*) 386 (: *ire*) etc. C bietet' *pais*, *pris*,
Sires etc. (S. 32), die Q. L. d. R. weisen gleichfalls *pris*,
pais, *sire* auf (S. 35).

Bei den Reimen auf -*ie* sei darauf aufmerksam gemacht, dafs eine Bindung von -*ie* : -*ie* aus *iée*, wie sie
sonst häufig, besonders in nördlichen und östlichen Denkmälern begegnet, unserm Texte fremd ist; -*ie* aus -*ia(m)*
reimt nur mit sich selbst.

Das *Ysaias* der Hs. 852 (: *prophecie*) war jedenfalls
in *Ysaie* zu ändern, welches sich auch in den „Fünfzehn
Zeichen" (im Reim mit *Jheremie*) als Nom. findet.

Über *tue* (*tutat*) : *vie* 738 : 39 s. unter *u*.

Der Vokal ọ (= lat. ō, ŭ).

Das geschlossene o, welches in der Schreibung meist mit o, doch auch häufig mit u wiedergegeben ist, reimt mit Ausnahme von 2 Fällen, wo es mit u aus lat. ū gebunden ist, nur mit sich selbst.

Das handschriftliche mọlt 241 (:ọt), das sinnlos ist, war ein Versehen des Schreibers und jedenfalls in mọt zu ändern.

Von den von W. Foerster, Rom. Stud. III, 182 fg. besprochenen Wörtern, in denen durch folgendes r + m, n vorausgehendes ọ zu ọ wird, sind aus unserm Text zu nennen: morne 396 (:sojọrne) und tor 503 (*tornum, sbst. vb. von tọrner) : sojọr.

Auch das sonst im Altfrz. in ọ assonierende und reimende demorer begegnet mit ọ gebunden: demore 310 (:ọre [hōram]). demore 332 (:sucụre). Über ọr:ür s. u. u.

Für die Diphthongierung des ọ in offener Silbe geben die Reime keinen Anhalt. Auch aus ascute:rote 238:39 ist nichts zu schließen, denn in ascute ist l jedenfalls ausgefallen, nicht vokalisiert. Für den Ausfall dieses l finden sich auch sonst Beispiele, cf. Rom. Stud. IV, 595. In den Q. L. d. R. (S. 48) bleibt ọ + l + Cons. immer unversehrt.

Aus den Reimen von Wörtern aus lat. -ōrem, -ōsum mit solchen, die bis heute den geschl. ọ (ou)-Laut bewahrt haben (error:jor 902:03, etc., glorius:vos 870:71, etc.), geht hervor, daß ọ noch nicht zu eu diphthongierte, vielmehr von dem Dichter noch als ọ (ou) gesprochen wurde. ọ ist wohl noch intakt gewesen, da die Diphthongierung erst viel später eintrat, als wir nach anderen lautlichen Erscheinungen unsere Dichtung anzusetzen haben, cf. Pohl, a. a. O. S. 566.

pour 207 (:honor) hat die regelmäßige Form auf -ọr, nicht die daneben befindliche auf -ür.

Im O (S. 294, 295), C (S. 39, 40) und den Q. L. d. R. (S. 48, 49) erscheint ọ in off. und geschl. Silbe meistens als u, seltener als o.

Der Vokal ǫ (= lat. *ǒ*, *au*).

Die Grundlagen des offenen ǫ sind lat. *ǒ* in und aufser Position, sowie lat. *au*.

Was den auf *ǒ* in Pos. und auf lat. *au* beruhenden Laut angeht, so wird er in unserm Text wiedergegeben durch *o*. Nur einmal erschien in der Hs. *oe* in *poeste* (*pǒsitam*) 359 (: *coste*), wo aber nur eine Verwechselung des Schreibers mit *poéste* vorgelegen haben dürfte. Aus der stets gleichen Schreibung ist schon zu schliefsen, dafs diesem ǫ ein anderer Laut zukommt als dem bald mit *o*, bald mit *u* bezeichneten ọ.

Auch im O (S. 293), C (S. 32 fg.) und den Q. L. d. R. (S. 39) ist dieses *ǒ* in geschl. S. stets mit *o* bezeichnet. (Im C begegnet nur einmal *u* statt *o* in *repust* „in Anlehnung an das *u* aus *ō* im Präs., Perf. und der andern Partizipialbildung *repuns*.")

Offenes *o* reimt nur mit sich selbst.

mot (*muttum), welches schon im Roland (Ausgabe von Gautier) mit ǫ reimt (Vers 1190 und 2285 in einer ǫ-Tirade), in andern altfrz. Denkmälern bald off., bald geschl. *o* zeigt (cf. Pohl a. a. O. S. 565, Kehr, Livre des Manières etc. S. 49) hat in unserm Text ǫ:

moz 171 (: *sǫz*), *mot* 241 (: ọt [*audit*]).

Bei der Frage nach dem Verhalten des ǫ in offener Silbe sind zunächst diejenigen Wörter zu nennen, in denen *o* auch im Neufrz. nicht diphthongiert ist. Es gehören aus unserm Text hierher:

1. *rǒsa* = *rose* 227 (: *chǫse*).
2. *schǒla* = *escole* 219, *scole* 855 (: *parǫle*).
3. *fǒris* = *fors* 19, 666 (: *cǫrs*). (C hat *fors* (S. 34), ebenso ist es in den Q. L. d. R. (S. 41) undiphthongiert.

Für die Diphthongierung des ọ geben die Reime nur wenig Anhaltspunkte. Bei

1. *ǒ* + *r* in off. S. sichert Diphthongierung zu *ue* die Bindung *cuer* 658 (: *luer* [*locarium*]). *luer*, das vom Schreiber herrührt, ist in der Sprache des Dichters = *loier*; denn dieser beobachtet streng das Bartsch'sche Gesetz (cf. Diphth. *ié*). Wenn nun *ue* mit *ié* reimen soll, so mufs

ue den Lautwert *ué* besitzen. Wie sich der Dichter vereinzelt *é* : *ié* zu reimen erlaubte, konnte er auch *ué* mit *ié* binden.

Im O diphthongiert *ŏ* vor *r* zu *ue* : *cuer* begegnet häufig, nur einmal findet sich *cor* (S. 292).

Im C findet sich ebenfalls *cuers*, meist *quers* geschrieben, die Q. L. d. R. bieten *quers* (S. 41).

2. *ŏ* + *ſ* : findet sich nur ein Reim mit undiphth. *o*: *orguil* : *voil* (*volio) 626 : 27. Hieraus ist nichts zu ersehen, doch ist nach dem Vorigen *orguel* : *vuel* wahrscheinlich.

Im O (S. 294) erscheint *ŏ* + *ſ* als *oil, oill, uil, uill.*

Im C bleibt *ŏ* vor *ſ* meistens, es diphthong. selten, oder wird durch den mouillierten Laut zu *u* vertieft; *voeilles, vuilles*, meist *voilles, orguil* (S. 37).

In den Q. L. d. R. giebt *ŏ* + *ſ* ebenfalls *u*, „bei welchem wir entweder an Vertiefung des *ρ* zu *ọ* durch *ſ* oder an agn. Vereinfachung des Diphth. *ue* denken können." *voil* neben *vuil, orguil*(*x*) (S. 45).

3. *ŏ* + Labial begegnen nur:

noef (*nŏvem*) : *oef* (*ŏvum) 661 : 62.

ovre : *ovre* (3. Pers. Präs.) 842 : 43.

Bei dem ersten Reimpaar ist *ŏ* in offener S. zu *oe* diphth., bei dem zweiten ist *ŏ* vor muta + liqu. erhalten. In beiden reimen die gleichen Elemente, ein Schluſs ist also nicht möglich, aber nach dem Vorhergehenden ist hier *oé* (= *ué*) anzusetzen.

Im O findet sich bei *ŏ* + *v* Diphthongierung zu *ue* (S. 292). Bei *ŏ* + muta + liqu. Diphthong. und Nichtdiphthong. nebeneinander: *oevrent, oevres, uevres, ovres, uvrent* (S. 294).

Im C wird *ρ* in off. S. zu *oe* (einmal *eo*) oder *ue*, das sich (agn.) zu *u* vereinfachen kann oder *o* bleibt (S. 33). In *opera* etc. wechselt *ue* (auch *we* geschrieben), *oe* und *o* (S. 34).

In den Q. L. d. R. verhält sich *ρ* wie im C. Neben *ovre* steht *uevres, uvre. nŏvem* ergiebt stets *nuef* (S. 40).

o + Nasalis.

ǫ + Nas. und ọ + Nas. sind, wie schon in den ältesten Texten, zusammengefallen. In der Schreibung erscheint meist o, seltener u, einmal ou. Diphthongische Formen kommen nicht vor.

Es reimt ǫ mit ọ in:

pǫme : họme (hŏminem) 304 : 05.
họme : sǫmme 770 : 71.

Für *hŏminem* sichern also die Reime *home*.

Im O, C und den Q. L. d. R. diphthongiert ŏ in off. S. meistens. Im O findet sich neben dem Nom. Sg. *huem* auch *hom* und die obl. Form *hume* (S. 293). Im C erscheint die diphth. Form *heom* (S. 36).

In den Q. L. d. R. steht *huem* „über 40 Mal." Daneben vereinzelt auch *hoem* und *heom*, einmal *hueom* (S. 43).

Zu bemerken ist die auch sonst häufig vorkommende Bindung *honte (honitam) : conte (computum)* 392 : 93.

In Bezug auf den Reimgebrauch der beiden o gilt also für unsern Dichter die Thatsache, daſs ǫ + Nas. von ọ + Nas. nicht geschieden ist.

Der Vokal u (= lat. ū).

Der auf lat. ū beruhende Laut, der in O (S. 303), C (S. 43) und Q. L. d. R. (S. 53) stets als u begegnet, ist meist mit u wiedergegeben, 319 u. 583 begegnet o in *dore* und *engendreore*. Der Wechsel von u und o zeigt nach Boehmer die Aussprache *ü* an, cf. Rom. Stud. III, S. 168 „Die beiden u." Dort wird unter anderem zum Beweise angeführt: „Im Adam, hrsg. von Luzarche zeigt der Wechsel *durs* und *dors, aventure* und *aventore* nicht nur, daſs hier keinerlei *ü* lautete, sondern auch, daſs hier *ü* lautete." Bei den Wörtern, wo o für lat. ū begegnet, liegen zwar Bindungen mit u = lat. ū vor, so daſs auch o verschrieben sein könnte, aber unser Text bietet sonst zwei Reime, welche den Lautwert *ü* für lat. ū anzunehmen zwingen:

criator : dur 230 : 31. meur : mireor (*miratorem)
896 : 97.

Die Aussprache ꭓ für lat. ū ist, wie längst bekannt,
dem Anglonorm. eigentümlich; cf. Suchier, Aub. S. 5.
Diese Bindungen von u (lat. ū) mit u (lat. ō, ŭ) erklärt
Suchier als Kennzeichen der ungefähr zwischen 1236 und
1264 entsandenen Denkmäler. Doch findet er aus frühe-
rer Zeit schon 7 Beispiele; cf. aber Zeitschr. f. rom. Phil.
II, 343 (Recens. des Auban), wo schon aus dem Brandan
derartige Bindungen angeführt sind.

Während wir eben für lat. ū den Lautwert ꭓ annehmen mufsten, begegnete in der Hs. die Bindung

tue (tutat) : vie 738 : 39,

welche dieser Annahme zu widersprechen schien.

Auch in andern Denkmälern begegnen solche verschiedene Reime, cf. Suchier a. a. O. S. 6: „Noch in dem
ganz volksmäfsigen Hugo von Lincoln (bald nach 1255),
wo ū sonst mit ō gereimt wird, reimt die Endung -urent :
irent" etc. Cf. hierzu die richtige Erklärung Rom. Stud.
IV, 578 von E. Uhlemann als analogische Anbildung der
Verbalendung. Nach Vising, „Etude sur le dialecte anglo-
normand du XIIe siècle" Upsala 1882, S. 77 fg., soll sich
der Anglonormanne solche Bindungen erlaubt haben, weil
er wufste, dafs der Kontinentale u = ü sprach (!).

Für unsern Dichter dürften derartige Erklärungen,
die an und für sich sehr unwahrscheinlich sind, nicht
nötig sein und zwar aus folgenden Erwägungen: In dem
Reim tue : vie, wo u : i in unserm Texte vereinzelt reimt,
ist tue = 3. Pers. Präs. Ind.; die Syntax verlangt aber
nach voil que den Conj. = tut. Dieser findet sich im Text
auch stets nach voil que, auch in dem folgenden Verse,
dessen Verb ebenso wie tue von voil que abhängt: mais
en dolor dorges ta vie. Wenn man noch beachtet, dafs
für „töten" nur ocire gebraucht ist, nie tuer, so schien
die Änderung von te tue in t'ocie geboten zu sein.

Sonst ist bei dem Vokal u nichts zu bemerken, er
ist, abgesehen von den drei genannten Reimen, mit sich
selbst gebunden.

Der Diphthong ai.

Dafs für den Schreiber die Diphthonge *ai* und *ei* mit off. *e* zusammengefallen waren, ist aus der verschiedenen Wiedergabe derselben zu ersehen; z. B. erscheint:

ai als *ei*: *gardein* 182. *mesfeite* 562. *pleigne* 621. *lointeins* 916. etc.

ei als *ai*: *fai* 747. *trais* 853. *fain* 850. *rais* 851. *raies* 863. etc.

e für *ai*: *nestre* 908. *fet* 181. etc.

e für *ei*: *fiel* 11. *feel* 44. *aver* 123. *veer* 259 etc. *saver* 283. *maner* 522. etc.

Das *eie* und *aie* der Hs. in *seiex* 124 und *aienx* 166 ist wohl dadurch zu erklären, dafs der Schreiber zuerst die Diphthonge *ei* und *ai* schrieb (die beide in seiner Aussprache = *ę* waren) und dafs er dann das Zeichen seiner Aussprache und Orthographie (= *e*) hinzufügte. Sonst schrieb er *sex* 152, 292 etc. *ainx* 121 etc. *einx* 444.

oi für *ei* (und *ai*) s. u. dem Diphth. *ei*.

Aber auch in der Sprache des Dichters sind die Diphthonge *ai* und *ei* schon zu off. *e* monophthongiert, sowohl vor Nasalen, als auch in anderer Stellung, wie die Reime von *ai* mit *ę* (= lat. *ĕ* in Pos.) und mit *ei* zeigen.

Gehen wir die Reimarten einzeln durch, so finden wir:

a. auslautend:

mangai 418 ist einmal mit *gwai* (= lat. *vae*) gebunden, welcher Reim durchaus nicht zu der Annahme berechtigt, dafs im Auslaut *ai* bereits zu offenem *e* geworden ist. Es reimt eben *ai* nur mit sich selbst; mit *ę* kann es aber nicht gebunden vorkommen, da es im Altfranz. bekanntlich aufser fremden keine Wörter giebt mit auslautendem -*ę̣*.

b. inlautend:

ai + *l͞* und *ai* + *l͞* + *e* reimt nur mit sich selbst.

Nach Koschwitz, Überl. S. 26, dient *i* in *ail* nur zur Erweichung des *l*, bildet aber nicht mit *a* den Diphth. *ai; ail* ist also lautlich = *al͞*. Diese Behauptung begründet er mit der Thatsache, dafs in den altfrz. Texten aus der zweiten Hälfte des 12. Jahrh. und aus dem 13. Jahrh. *ai͡r* immer mit sich selbst, nie aber mit *ei͡r* gebunden ist; sie gilt auch für unsern Text; denn es reimt nur etym. *ai͡r* mit etym. *ai͡r* und ebenso *ei͡r* mit *ei͡r*.

$ai + r + e$ reimt mit sich selbst.

$ai + s$ ist gemischt mit ϱ: *relais* 677 (: *aprǫs*).

$ai + t$ reimt mit -*oit* (-*ǫit*): *plait* 345 (: *droit*).

$ai + t + e$ ist rein.

$ai +$ mehrfache Konsonz. reimt mit ϱ: *maistre* 257, 309 (: *ǫstre*).

Von Reimen, die rein sind, bleiben also nur diejenigen übrig, wo *ai* vor *r* steht. Es ist aber wohl nur zufällig, dafs sich hier keine Bindung mit ϱ findet.

Sehen wir nun, wie sich $ai +$ Nas. verhält. Wir finden:

1. in männl. Endung bei $ai +$ Nas.
   a) Mischung mit $ei +$ Nas. *certain* 851 (: *fain* [*foenum*]).
   b. Mischung mit $e +$ Nas.: *mains* 149 (: *defens*).
2. in weibl. Endung ebenfalls Mischung mit $ei +$ Nas. *semaine* 501 (: *paine*).

Für $ai +$ erweichter Nas. bietet sich die Assonanz in der vierzeiligen Strophe 618—21: *guǫrre* : *enseigne* : *feigne* : *pleigne*, wodurch also $\varrho n\tilde{}e$ für $ai + n\tilde{} + e$ und $ei + n\tilde{} + e$ gesichert ist.

Das Zusammenreimen von $ai +$ Nas. und $ei +$ Nas. kann nicht damit erklärt werden, dafs $\bar{e}$ und $\breve{i} +$ Nas. zu *ai* geworden ist; denn aus dem Reim:

$$defens : mains \ (m\breve{a}nos) \ 149 : 50$$

geht hervor, dafs *ai* vor Nas. bereits zu ϱi, ϱ geworden ist. Da *ai* schon in einer Stellung monophthongiert ist, wo es sich am längsten hätte rein erhalten müssen, so mufs es umsomehr schon in andern Stellungen zu ϱ geworden sein.*) Anders in alten Texten.

---

*) Wegen *pan* (*panem*) : *ahan* s. S. 113.

Denselben Lautwert wie im Adamsspiel besitzt *ai* bei Beneit (cf. Settegast, Beneit de Sainte More etc. S. 22, Rom. Stud. III 446). Im Computus (Mall, S. 59) reimt *ai* mit *ę* aber nur, wenn es vor dreifacher Konsonanz steht. Die Monophthongierung hat also dort erst begonnen.

Nach Suchier (Aub. S. 3 fg.) findet sich diese Monophthongierung im Agn. in jeder Stellung zuerst bei Fantosme, den er zwischen 1174 und 1183 ansetzt.

Im O nimmt Harseim (S. 277 fg.) für *ai*, welches gewöhnlich mit *ai*, einige Male auch mit *ei* und *e* bezeichnet ist, den Lautwert *ái* an, für den Schreiber aber die Aussprache *ę*.

Im C ist der Diphthong *ai* mit *ai*, wofür auch häufig *ei* und *e* erscheint, wiedergegeben, sowohl vor Nas. als auch in anderer Stellung (S. 17 ff.). Dasselbe gilt für die Q. L. d. R. (S. 11 ff.).

Das Suffix -*árium* giebt (neben der volkstümlichen früheren Entw. zu -*iér*) -*áire*. Aus den Reimen *viaire*, *duaire*, *contraire* 550, 551, 553 (: *atraire* [*ad*tragere*]), *aire*, *contraire* 574, 575 (: *faire*, *retraire*), *contraires* 829 (: *maires* [*major* + *s*]) ist zu ersehen, dafs die Attraktion des *i* in die Tonsilbe schon als beendet zu betrachten ist.

Im O erscheint das Suffix -*ari* + Vok. durchaus noch als -*arie*, also noch nicht das nachton. *i* attrahiert (cf. S. 278). Im C haben die ersten 124 Psalme noch -*arie*, wogegen von 131 ab nur -*aire* steht (cf. S. 21). In den Q. L. d. R. ergiebt -*árium* = *aire* nur in dem Lehnwort *cuntraire* 193. Fremdwörter zeigen es als -*arie* (cf. S. 18).

Der Diphthong ei.

Für die verschiedene Wiedergabe des Diphthong *ei* durch den Schreiber mit *ei*, *ai*, *e* sind schon unter *ai* Beispiele verzeichnet. Oft schreibt er *oi* statt *ei*, seltener statt *ai*: *ľoi* 412. *soi* 526). Vielleicht hat auch der Dichter *oi* gekannt. Aus den Reimen von *ai* : *oi* = *ęi* ist zwar zu ersehen, dafs er sich des normannischen Diphth.

ei bediente, doch findet sich auch ein Reim -*ǫie* : -*oie* (= -*ǫie*) : *joie, poie* (*pauca*), *ǫie* (*audiat*) 56, 57, 58 (: *afoloie*), der freilich sehr auffällig ist, so dafs man Verderbnis annehmen möchte, zumal da dem Verse 59 zwei Silben fehlen.

Aus agn. Denkmälern führt Suchier, Aub. S. 5 eine solche „seltene" Bindung aus einem späteren Texte an: *joie* : *voie* (Fabl.: Le Chev., La Dame et Le Clerc 243).

Auch bei dem späteren Chardry sind solche Reime vereinzelt zu finden, cf. Koch, Chardry's Jos. XXVIII; cf. Rom. Stud. IV, 581, wo das häufige Vorkommen von *oi* statt *ei*, sowie die Bindung *ǫi* : *oi* auf festländischen Einflufs zurückgeführt wird. Bei dem kontinentalen Normannen Beneit finden sich ebenfalls solche Reime vereinzelt, cf. Settegast, Ben. de Sainte More etc. S. 25.

Im O ist lat. *ē* in off. Silben regelrecht zu *ei* geworden (cf. S. 283). *tei, mei, sei, veir. Aver* neben *aveir* ist nach Harseim nur dem Schreiber beizulegen. „Dieses *ei* scheint seine rein diphthong. Aussprache = *ǫi* im Psalter noch zu haben" (denn die Accentsetzung ist in der Handschrift stets *éi*, nach Brachet). Für *ei* aus *ē* vor einf. Nas. erscheint auch *ai*, woraus anzunehmen ist, „dafs für den Schreiber *ai* und *ei* wahrscheinlich in der Lautung *ǫi* zusammentrafen."

Im C wird *ǫ* in off. Silben zu *ei*, selten zu *ai*; ebenso *ǫ* + einf. Nas. (cf. S. 28 fg.).

In den Q. L. d. R. wird *ǫ* meist zu *ei*, mitunter zu *ai*; einmal zu *oi*; *e* steht gern in den Inf. auf lat. -*ére* (S. 29 fg.). *ǫ* + einf. Nas. giebt meist *ei*, seltener *ai* (cf. S. 31).

In unserm Denkmal können Bindungen mit *ǫi* nicht vorkommen, da *e* + *i*-Element, wie unter *i* bemerkt, sich zu *i*, nicht zu *ǫi* entwickelte.

Die Verba auf -*icáre* erscheinen in den stammbetonten Formen sowohl mit *ei* (*oi*): *otrei* 129 (: *moi*). *flambloie* 516 (: *voie*), als auch mit *i*: *signifie* 832 (: *vie*). *signifier* aber ist gelehrt. (-*icáre* giebt -*eer* [= -*eier*] in *guerreer* 439 [: *muiller*]).

Im C (S. 30) behalten in den endungsbetonten Formen die Verba auf -*icare* ihr *i* und bilden diesen analog die stammbetonten. Zum gröfsten Teil sind es Lehnwörter. Eine Ausnahme von dieser Regel machen *empleierent* und *pasteianz*.

In den Q. L. d. R. behalten die Verba auf -*icare* in der Regel in allen Formen *i*. Bei *auctoricare* ist aber in allen Formen *ei* die Regel (cf. S. 33).

Das lat. *fidēlem* kommt zweimal im Reim vor, als *fiel* und *feel*. Die Reime sichern jedoch die gewöhnliche altfrz. Form *fe-eil*: *fiel* 11 (: *pareil*). *feel* 44 (: *conseil*). O bietet: *feeil* (S. 283), C: *fedeeilz* (fehlerhaft nach Schumann für *fedeil* (S. 28)), die Q. L. d. R. *fedeil*.

Von den Endungen des imperf., welche im Norm. bekanntlich bei den Verben der 1 Konj. auf -*oue* (oe) etc., bei denen der übrigen Konjugationen auf -*eie* etc. ausgehen, kommen nur zweimal diejenigen von Nicht-*a*-Verben mit sich selbst gebunden vor. -*ouent* steht einmal im Innern des Verses 938: *chantouent*.

Im O geben die imperf. auf -*ēbam* = *eie*: *saveie* (S. 283), im C steht meist *ei*, daneben *ai*: *disaie* etc. (S. 28), in den Q. L. d. R. endigt das imperf. auf -*ēbat* stets auf -*eit* (S. 29).

Der Diphthong ié.

Für den Diphthong *ié* ist häufig in der Schreibung einfaches *e* eingetreten. Wenn wir jedoch die Reime prüfen, so finden wir, dafs *e* dem Dichter fremd gewesen sein mufs, denn in den betreffenden Fällen ist stets *e* mit solchen Wörtern gebunden, denen der Lautlehre gemäfs *ié* zukommt. *e* rührt also nur von dem Schreiber her. Nur zwei Reime finden sich von *e*: *ié*: *en*: *bien* 298 : 99, *comandement*: *nient* 104 : 5 und *bel*: *ciel* (*caelum*) 938 : 39.

Aus diesen Reimen gegenüber einer grofsen Zahl reiner Bindungen ist zu schliefsen, dafs der Verfall des Diphthongs *ié* zur Zeit der Abfassung unserer Dichtung kaum begonnen haben konnte. Nach Such. Aub. S. 3 ist im Agn. der Vokalismus bis nach der Mitte des 12. Jahrhunderts noch ebenso rein als auf dem Festlande. Auch die Gedichte dieser Zeit halten *ié* und *e* noch völlig getrennt.

Im O erscheint *ĕ*, *ae* in off. Silbe und vor einf. Nas. bald als *e*, bald als *ie* (cf. S. 281 fg.).

Im C giebt *ę* in offener Silbe *ie*, selten *e* (neben *ciel* steht einmal *cel*) (S. 24).

In den Q. L. d. R. wird *ę* in off. Silbe fast stets *ié*, bei zu Grunde liegendem *ae* unterbleibt die Diphthongierung häufiger; *e* + Nas. giebt *ié* (cf. S. 22 ff.).

pite ist schon unter *e*[1] besprochen.

Das Suffix -*ĕrium* giebt -*iér* in *mestier*; -*ĕrium* muſs, bevor *ĕ* + J zu *i* umlautete, -*ĕrum* geworden sein. *mestier* 692 (: *destorber*).

Die Reime lehren, daſs das Bartsch'sche Gesetz überall beobachtet ist. Wenn auch häufig *e* statt *ie* eingetreten ist, so reimen doch stets die Wörter, denen nach diesem Gesetz *ié* zukommt, entweder untereinander oder mit dem aus *ĕ* in offener Silbe entstandenen *ié* (*e*). Die einzige Ausnahme *vergunder* 395 (: -*ier*) war daher in *vergugnier* zu bessern.

Das Suffix -*árium* giebt -*iér* in mehreren Verbalsubstantiven, wo der Schreiber -*er* hat: *provender* 175 (: *er* [*hĕri*]). *recovrer* 495 (: *chalengier*). *destorber* 693 (: *mestier*). *luer* (*locarium*) 659 (: *cuer*).

Das Bartsch'sche Gesetz wird in O (cf. S. 276), C (cf. S. 15) und d. Q. L. d. R. (cf. S. 8) beliebig befolgt oder nicht.

Die Endung -*ée* (= -*iée*) reimt nur mit sich selbst; im Nord- und Ostfranzösischen wird sie zu -*ie*; dieses ist mithin unserm Texte fremd.

Der Diphthong ǫi.

Der Diphthong *ǫi*, welcher in unserm Texte begegnet, ist entstanden 1) regelmäſsig aus lat. *au* + J und 2) in Lehnwörtern aus lat. *ŏ* + J. (Die erstere Entwicklung von *ŏ* + J s. u. *ui*.) Ferner liegt *ǫi* vor in dem

Suffix -*óire* aus -*ŏria(m)*, zu welchem auch -*ária* geschlagen wurde.

Ob die Attraktion des *i* in die Tonsilbe in -*ória* etc. schon vollendet ist, läfst sich aus den Reimen nicht ersehen (die Handschrift bot noch einmal *memorie* 346, aber im Reim mit *gloire*); sie wird aber als vollendet zu betrachten sein, da sie auch in -*árium* schon eingetreten ist.

In den Wörtern auf -*órie* zeigt O keine Attraktion: *memorie* (cf. S. 294). In C tritt erst nach dem 131. Psalm Attraktion ein, *memoire* etc., vorher *glorie*, *memorie* etc. (cf. S. 38). In den Q. L. d. R. tritt bei den Wörtern auf -*órium i* nie in die Tonsilbe (cf. S. 46).

Der Reim -*pie* : -*óie* (= früh. -*pie*) ist unter *ei* besprochen worden.

Der Diphthong uí.

ŏ + J hat sich durch den Triphthong *uei* zu *ui* wie im Französischen entwickelt, wie der Reim *enoit* 113 (: *deduit*) beweist. *oi*, welches sich auch öfters aufserhalb des Reimes statt *ui* findet, rührt also von dem Schreiber her. Die Entwicklung zu *ui* ist analog derjenigen von *ĕ* + J = *iei* = *i*.

Im O erscheint *ŏ* + J als *ui* und *oi* (S. 294), im C als *ui* (S. 38), in den Q. L. d. R. meist als *ui*, seltener als *oi* (S. 46).

Welchen Lautwert *ui* in der Sprache des Dichters besessen hat, ob *úi* oder *uí*, ist aus den Reimen nicht zu ersehen, da nur Gleiches mit Gleichem reimt.

Der Diphthong ué.

Die Bemerkungen zu dem Diphthong *ué* s. u. *ϱ*!

B. Konsonantismus.

I. Liquiden.

1. *l.* Zur Zeit des Schreibers ist *l* vor Konsonanten schon zu *u* vokalisiert, wie einzelne Schreibungen zeigen. Gewöhnlich aber bedient sich derselbe noch der alten

Orthographie. Für die Auflösung des *l* in *u* zur Zeit des Dichters ist aus den Reimen wenig zu entnehmen, da die nötigen Bindungen fehlen.

a + *l* + Kons. reimt regelmäfsig mit sich selbst: *halt*:*salt* 800:01 etc. Es mufs mit sich selbst reimen, da es sonst kein *au* gab, mit dem es hätte reimen können.

e[1] + *l* + Kons. ist nicht belegt. Ebensowenig *ę* + *l* + Kons., *i* + *l* + Kons. und *ǫ* + *l* + Kons.

ǫ + *l* + Kons. *fols*:*mols* 220:21 beweist nichts.

In den Gruppen *ī* + *l* + Kons. ist *l* ausgefallen: *filx* 752 (:*contredix*). In der Schrift erscheint noch *l* durch den Einflufs der Nominativform. Ferner in

ŭ + *l* + Kons.: *ascute* 238 (:*rote*).

Bei der Frage nach der Vokalisation des erweichten *l* (*l̃*) lassen uns die Reime ebenfalls im Stich.

In *pareil*:*fiel* 10:11 und *feel*:*conseil* 44:45 reimt ungenau *l*:*l̃*.

2. *r*. lat. *rr* reimt mit deutsch. *rr*: *tere*:*guere* 4:5 etc. *terre*:*guere* 788:89. lat. *r* reimt mit lat. *rr*: *aure* : *socore* 520:21. *demure*:*sucure* 332:33. Mithin ist überall einfaches *r* anzusetzen.

Im Auslaut ist *r* erhalten, wo es gewöhnlich zu *l* wird, in: *alter* (*altare*) 634 (:*regarder*).

Im O findet sich in diesem Falle Übergang von *r* zu *l*: *altel* (S. 320). C hat *altel* neben *alters* (S. 14). In den Q. L. d. R. findet sich neben häufigem *altel* einmal *alter* 218 (cf. S. 55).

3. *n*. *n* ist gefallen:

1. im Auslaut nach *r*: *jor* 437 (:*suor*), 637 (:*amor*),
2. in dem Suffix -*áginem*: *ymage* 408 (:*oltrage*),
3. vor flex. *s*: *emfers* 222 (:*sers*).

Daneben der bekannte viel ältere Ausfall

4. vor *r*: *sire* (*sĕnior* — *sē*(*n*)*re* — *sire*) 386 (:*ire*) etc.
5. vor *s*: *pais* 491 (:*paradis*). *apris* 147 (:*paradis*). *prist* 362 (:*oscist*).

Im O ist *n* nach *r* teils erhalten, teils gefallen. *jurn* und *jur*. *enfers*. etc. (S. 320). *imaginem* giebt *ima-*

gene (S. 277). Im C bleibt auslautendes *n* ohne˙ *s* in den ersten 124 Psalmen, nachher fällt es (cf. S. 45). *imaginem* giebt *imagene* (S. 51). In den Q. L. d. R. wirft die Gruppe *rn* im Auslaut ihr *n* manchmal fort, manchmal behält sie es bei (cf. S. 61). *imaginem* giebt *imagene, ymagene* (S. 31).

4. *m.* Im Auslaut reimt etym. *m* mit etym. *n*:

$a + m$: *Adam* : *Sathan* 194 : 95.

$i + m$: *train* : *enclin* 486 : 87.

$o + m$: *non (nomen)* : *raison* 744 : 45. *cumpainun* : *noun* 8 : 9.

$ie + m$: *mien, rien* : *bien, tien* 68—71.

Sonst nnr Gleiches mit Gleichem: *paine* : *demaine* 368 : 69. *enseigne* : *feigne* : *pleigne* 618 : 19 : 21. *summe* : *pome* 190 : 91. *mn = m* in *home* 305 (: *pome*), *homme* 770 (: *somme*).

II. Labialen.

1. *p.* *p* ist ausgefallen vor:

1. *t*: *escrit* 533 (: *petit*). *escrit* 639 (: *dit*) etc. *rote (ruptam)* 239 (: *ascute*).

2. *r*: *sore (süper)* 371. 519 (: *ore*).

3. flex. *s*: *cors* 18, 667 (: *fors*).

4. in *maime* 657 (: *disme*).

interv. $p = v$: *rive (ripam)* 573 (: *vive [vivam]* etc.). *mpt = nt*: *conte (computum)* 393 (: *honte*).

2. *b.* *b* ist gefallen vor flex. *s*: *gas (*gabbos)* 887 (: *sonjas*). *b* ist vokalisiert in *parole* 218, 854 (: *eschole*). *b* und $p = v$: *delivre* 329 (: *vivre*). *delivre* : *guivre* : *vivre* : *livre* 538—541.

3. *f.* Das in den Auslaut getretene *v* ist zu *f* geworden, welches vor flex. *s* schwindet: *sers* 223 (: *emfers*). *poetifs* 759 (: *enemis*). In *poetifs* ist *f* noch geschrieben durch den Einfluſs des cas. obl.

III. Dentalen.

Nach den Ausführungen Malls (Comp. S. 21 ff. und 81 ff.) und Suchiers (Bibl. Norm. XIX ff.) ist das Verhalten der im Auslaut stehenden, durch Konsonanten nicht gestützten Dentalis von Wichtigkeit. Die Reime des Adamsspieles lehren folgendes:

1. In der 3. pers. sing. fut. und in der 3. pers. sing. perf. der *a*-Verba ist *t* gefallen, wie *voldra* 664 (: *ca* [*ecce hac*]), *devia* 151 (: *la* [*illac*]) beweisen.

Wenn daher *t* oder *d* im Auslaut noch bisweilen geschrieben ist, so ist dies ohne Bedeutung; wo die Dentalis sich noch findet, reimt Gleiches mit Gleichem. *devendrat* : *rendrat* 430 : 31.

2. In den Partizipialformen auf -*átum*, -*útum* erscheint keine Dentalis mehr; es reimt nur Gleiches mit Gleichem, so daſs die Reime keine Auskunft geben.

3. Bei -*ítum* ist der Abfall gesichert in *hardi* 201 (: *ci* [*ecce hic*]). Dagegen ist sie noch erhalten in *trait* (*traditum*) 353 (: *aüt* [conj.]). Mall (Comp. S. 84) findet im Comp. noch 2, im Bestiaire noch 1 Reim, wo *t* noch als feststehend gesichert ist.

Für O nimmt Hars. S. 322 an, daſs die auslautende Dent. im Original sicher noch überall gelautet hat. Im Fut. erscheint in 230 Fällen *t*, in 68 *d*, in 175 keine Dent.; im Perf. in 122 *t*, in 89 *d*, in 158 keine Dent. Im C erscheint die 3. pers. perf. und fut. periodenweise mit *t* oder *d*; nur in 6 Futurformen ist die Dentalis ausgefallen (S. 47).

In den Q. L. d. R. haben von der 3. pers. sing. perf. der *a*-Verba über 1800 Formen *d*, nur 40 *t* und nur 65 verlieren die Dent. ganz. Die 3. pers. sing. fut. hat in 250 Fällen *d*, in 12 *t* und in ungefähr 12 Fällen keine Dentalis mehr. Von den part. auf -*ítum* haben $^5/_7$ der Fälle *d*, $^2/_7$ hat die Dent. abgeworfen, einmal findet sich *t* und einmal *th* (S. 69).

4. In Nominal- und Verbalstämmen, wo die Dentalis nach dem Abfall der Endung in den Auslaut getreten wäre, ist dieselbe geschwunden, also bereits intervokal gefallen: *fei* (*fidem*) 187 (: *moi*) etc. *conrei* (*conredum) 484 (: *toi*). *secroi* (*secretum*) 772 (: *moi*). *voi* (*video*) 768 (: *loi*) etc.

Die intervokale Dent. ist gefallen:

t: *vie* 248 (: *seignorie*), 923 (: *Marie*), *maime* 657 (: *disme*). etc.

d: *joie* 56 (: *poie* etc.).

Nach Mall (a. a. O.) lautete die inlautende Dent. nach der Mitte des 12. Jahrhunderts nicht mehr.

Im O ist die inlautende Dent. noch häufig erhalten; daneben sind aber auch die Beispiele für den Ausfall sehr zahlreich (cf. S. 321). Im C ist die inlautende Dentalis noch nicht ganz geschwunden, in ca. 50 Beispielen erscheint sie als *d*, ein einziges Mal als *th* (S. 47).

In den Q. L. d. R. ist sie fast schon immer gefallen (cf. S. 67).

Die feste Dent. im Auslaut ist natürlich erhalten. Der Schreiber setzt bisweilen *d* statt *t*: *mond* 254 (: *parfont*), 330 (: *fond*).

Zwischen *sr* wird *t* eingeschoben: *estre* 256, 308 (: *maistre*).

IV. Gutturalen.

1. *g.* Intervokales *g* ist gefallen in *raies* (*rĭgas) 863 (: *voies*).

2. *c.* *c* ist gefallen: a) vor flex. *s*: *amis* 83 (: *asis* etc.). *enemis* 758 (: *poetifs*). b) im Auslaut: *ca* 663 (: *voldra*). *la* 150 (: *devia*). *ci* 200 (: *hardi*).

paucum hat sich in der Weise entwickelt, dafs das *i*-Element zur Wirkung gekommen ist, = *poi*. Nach W. Foerster, Z. f. r. Ph. XIII 544 geht *pǫu* auf *paucum*, dagegen *poi* auf *pauco* zurück. *poie* 57 (: *joie* etc.).

c + a giebt *che*; es reimt nur mit aus dtsch. *pj* entstandenen *ch*: *secche* : *cresche* 848 : 49.

Lat. intervok. *tj*, *cj*, *que* (= *kj*) giebt *c* = scharfe Sibilans; es reimt nur mit sich selbst: *face* (*faciam*) : *grace* 366 : 67. *enlace* (in *laqueat) : *face* (*faciam) 400 : 01.

Das Suffix *-ántia* = *-ánce* reimt mit sich selbst; Ebenso *-itia* = *ise* (einmal *ice* in der Handschrift).

-áticum giebt (auf dem Wege -*adigo) *age*; *g'* reimt mit sekundärem *bj* in *sage* : *corrage* 232 : 33.

Bei den Gutturalen treffen wir nur reine Bindungen.

V. s. z.

z entsteht in unserm Text aus:

1. *t + s*: Beispiele sind nicht nötig.
2. *l͂ + s*: *filz* 752 (: *contredix*).
3. *nn + s*: *anx* 453 (: *emfanx*).
4. *-c*, „in den bekannten Wörtern, wo lat. *c* kein *i* entwickelt und an den vorausgehenden Vokal, mit dem es sich zum Diphthong verbindet, abgegeben hat." *solaz* 941 (: *quart* etc.). *raix* 877 (: *dix*) und
5. wo *c* ein solches *i* entwickelt hat: *paix* (*pacem*) 709 (: *faix*).

Labialis *+ s* giebt *s*: *poetifs* 759 (: *enemis*). *sers* 223 (: *emfers*). *gas* 887 (: *sonjas*).

Der Reim *dismes* : *maimes* 656 : 57 lehrt, daſs *s* vor liquid. zur Zeit des Schreibers stumm war. In Bezug auf das Verstummen dieses *s* geben die Reime keinen Aufschluſs; es reimt nur Gleiches mit Gleichem. Man könnte daher annehmen, daſs *s* von dem Dichter noch gesprochen wurde, während die zerstörte Deklination (s. weiter unten) für Verstummen im Auslaut spräche.

Der Schreiber verwechselt oft *s* und *x*.

C. Formenlehre.

I. Deklination.

In Bezug auf die Dekl. lehren die Reime folgendes:

a. Substantivum.

1. Die fem. der lat. *a*-Dekl. haben wie auch sonst für den sg. und pl. nur je eine Form im nom. und obl.:

sg. .*viande*, n. : *lande*, obl. 476 : 77. belegt sind 39 nom., 121 obl.

pl. *voies*, obl. : *raies*, n. 862 : 67. Der obl. reimt mit sich selbst 654 : 55.

Einmal erschien im obl. sg. *s*: *dismes* 656 (: *maimes*). Dieses *s* in beiden Reimwörtern rührte jedenfalls vom Schreiber her, welcher nur *mai(s)mes* für beide Kasus

gekannt haben dürfte und auch, um den Reim herzustellen, fälschlich *disme* mit *s* schrieb. Bei Chardry ist
memes (= *meismes*) indeklinabel, cf. Koch, a. a. O. XXXIX.
In der Handschrift ist Vers 656 stark korrigiert.

2. Wie die fem. der *a*-Deklination flektieren auch die
fem. der kons. Dekl. sg. *sermon*, obl. : *raison*, n. 640 : 41.
Bel. sind 4 nom., 31 obl.

Der obl. pl. endet auf *s* und reimt mit sich selbst
710 : 11.

sg. *verite*, n. : *majeste*, obl. 782 : 83.   3 Belege für
den nom., 21 für den obl.

pl. *volentez*, obl. 675 (: *ainez*, n. sg.).

sg. *clamor*, obl. : *rimor*, n. 732 : 33.   3 Belege für
den nom., 23 für den obl.

pl. *dolors*, obl. 337 (: *socors*).

lei, n. sg. 839 (: *roi*). *fei*, obl. sg. 187 (: *moi*).   4
Belege für den nom., 32 für den obl.

pl. *mains*, obl. 149 (: *defens*).   3 Belege.

3. Die mask. der lat. *o*-Dekl. mit nom. -*s* (lat. II. und
IV. Dekl.) flektieren nach dem Typus:

sg. n. -*s*, obl. —; pl. n. —, obl. -*s*.

sg. n. *amis* 83 (: *asis*, 1. pers. perf.).   *ainez* 674
(: *volentez*, obl. pl.).   7 Belege.

sg. obl. *deduit* 112 (: *enoit*, 3. pers. praes. conj.).
130 Belege.

pl. n. *chardon* 544 (: *maleicon*, sg. etc.), *germain*,
vilain 590, 593 (: *Evain* etc.).

pl. obl. *dix* 876 (: *raix*) etc.   11 Belege.

Im sg. erschien fälschlich die nom.-Form mit *s* statt
der obl. in *le quartz* 940 (: *solax*), welches wohl in *quart*
zu ändern war; wir haben mithin nur Assonanz von *quart*
: *solax* etc. anzunehmen.

Im pl. reimte der nom. mit *s* mit dem nom. sg. mit
s in *corages* : *damages* (sg.) 864 : 65, für den Dichter ist
corage n. pl. : *damage* n. sg. ohne *s* in der Inversion anzusetzen.

Die Objektsform statt der Nominativform begegnet noch
öfters im Reim; dieselbe ist jedoch durch die Inversion

gerechtfertigt (cf. W. Foerster in Zeitschr. f. rom. Phil. II,
170 Anm. zu 505) (in der Rec. von La chans. de Rol.
von Th. Müller). *pareil* 10 (: *fiel*, n.). *chasement* 106
(: *vent*, obl.). *talent* 115 (: *coment*). *trespassement* 142
(: *entent*, obl.). *per* 166 (: *veer*). *sathan* 195 (: *Adam*).
cristal 228 (: *val*, obl.). *parail* 372 (: *conseil*, obl.). *per*
414 (: *gabber*), 442 (: *deviner*). *comencement*, *torment* 546,
549 (: *atent*, 3. pers. praes. etc.). *sospir* 529 (: *joir*, inf.
etc.). *baston* 907 (: *vision*, obl.).

4. Der substant. Inf. findet sich ebenfalls im nom. ohne
s in der Inversion: *veer* 259 (: *voir*, obl.), *maner*, *veer* 522,
23 (: *voir* etc.). Als Objektskasus begegnet er zwölfmal.

5. Die mask. der lat. konson. Dekl. folgen dem Typus
der *o*-Dekl.:

sg. n. *serpenx* 441 (: *comandemenz*, obl. pl.). *eirs*
(*hēres*) 757 (: *veirs*). obl. *val* 229 (: *cristal*), *pan* 435
(: *hahan*). *pain* 786 (: *Evain*). *roi* 838 (: *lei*, n.). 12
Belege.

pl. *rois*, obl. 852 (: *trais*).

6. Die gleichsilbigen mask. der *o*-Dekl. und konson.
Dekl. auf -*er*, die im Franz. auf -*re* enden, scheinen dem
Typus n. sg. —, obl. —; pl. n. —, obl. -*s* zu folgen.

Der n. sg. ist im Reim nicht belegt.

obl. sg. *livre* 541 (: *vivre* etc.). *maistre* 909 (: *nestre*).

7. Von Wörtern mit beweglichem Accent begegnen:
nom. sg. in der ursprünglichen Form ohne *s*: *sire* 404
(: *contredire*); — mit *s*: *maires* 828 (: *contraires*, obl. pl.).

8. In der Form des obl. aber in der Inversion: *peccheor*
94 (: *irur*, obl. etc.). *criator* 230 (: *dur*, n.). sg. obl. in
der richtigen Form: *cumpainun* 8. *creator* 28. *creatur*
189. *criator* 324, 594. *seignor* 29, 42, 111, 188, 198,
288. *traitor* 110, 279. *salvaor* 924. *emfanz* 452, 932
(mit -*ánt* ass.). *homme* 770. *Evain* 592, 787. *laron*
809. *mireor* 897. n. pl. in der richtigen Form: *felon* 827.

9. Im Reim begegnet *home* 305 (: *pome*) als obl. Form
für den nom. in der Invers.

10. Eigennamen sind unflektiert: *Adam*, voc. 194 (: *sathan*). *Abel*, n. (in der Invers.) (: *revel*) 722. *Israel*, obl. 818 (: *revel*, obl.). *Emanuhel*, obl. : *Gabriel*, n. (in der Invers.) 920 : 21.

11. Indeklinabilia. Wörter, deren Stamm auf *s* ausgeht, belegen die Reime 23. Wörter, deren lat. Stamm auf einen Palat. endet, der im Franz. zur Sibilans wird: *relais* 677. *paix* 709. *raix* 877. *solax* 941.·

s ist stammhaft geworden in: *cors* (*corpus*) 18, 667 (: *fors*). *filx*, obl. 752 (: *contredix*); ersteres ist gemeinfranz., letzteres findet sich in vielen Texten, besonders in den ältesten agn.

12. Der Vokativ stimmt mit der Form des Nom.: *Sire* 386 (: *ire*). *quel savor* 302 (: *dolcor*, obl. *muiller* 438 (: *guerreer*). *chaitive* 570 (: *eschive* etc.). *Ysaie* 882 (: *prophecie*). mit der Form des obl.: *Evain* 24 (: *vain*).

Anm. Ein Vergleich mit O.C. und Q.L.d.R. zeigt, daß die Deklination bei diesen wahrscheinlich älteren Texten ebenfalls bereits nicht unbeträchtlich ins Schwanken geraten ist. Der Schreiber gar unseres Adamsspiels hat überhaupt keine rechte Vorstellung mehr von dem Wert des Flexions -*s*.

b. Adjektivum.

1. Die fem. der adj. 3. Endungen flektieren wie die weibl. subst. der *a*-Dekl.: sg. *dure*, n. 78 (: *creature*, n. etc.). etc. 13 Beisp.

2. Die fem. der adj. 2. Endungen haben ausnahmslos nur eine Form ohne *e*; ebenso die part. praes.: *feel* 44 (: *conseil*). *celestial* 251 (: *mal*). *grant* 464 (: *suduiant*, m). *grant* 930 (: *vivant*, etc.). *bruiant, grant* 935, 936 (: *grant*, m. etc.). *resplendisant* 942 (: *puissant*, m.).

Dasselbe Resultat ergiebt die Silbenzählung.

3. Die fem. der adj. 2. Endungen und adjektiv gebrauchten part. praes. haben im nom. sg. kein *s*:

a. in attrib. Stellung: *grant* 464 (: *suduiant*, m. nom.) in der Invers.; (*granx* : *suduianx* wäre regelm.).

b. in präd. Stellung *feel* 44 (: *conseil*, obl.). *aceptable* 652 (: *fable*, sg.). *bruiant* 935 (: *grant*, n. m., *grant*, obl.

fem., *ardant*, obl. m.) Doch könnte für den Dichter *bruianz : granz* 935 : 36 angenommen werden.

4. Flexion der adj. 3. Endungen im mask:

sg. nom. a. in attrib. Stellung:

    α. mit *s*: *provez* 681 (: *asez*).

    β. ohne *s*: kein Beleg.

  b. in präd. Stellung:

    α. mit *s*: *soz* 170 (: *moz*, o. pl.) etc. 7 Bel.

    β. ohne *s*: *hardi* 201 (: *ci*). *dur* 231 (: *criator*) *prest* 293 (: *est*). *mort* 316 (: *sort*).

sg. obl. 15 Belege ohne *s*, 4 in attrib., 11 in prädik. Stellung.

pl. nom. a. in attrib. Stellung kein Beleg.

  b. in präd. Stellung:

    ohne *s*: *overt* 160 (: *apert*). *pareil* 264 (: *conseil*, obl.). *vilain* 593 (: *Evain* etc.) *halt* 800 (: *salt*, obl.)

pl. obl. kein Beleg.

Der pl. obl. in präd. Stellung erschien ohne *s* in *esleecie* 803 (: *pite*, o.), doch war dem Sinn entsprechend *le rendra esleecie* statt *les r. esl.* zu lesen.

5. Von lat. adj. auf -*er* (franz. = -*re*) ist nur belegt: *delivre*, n. sg. m. 329 (: *vivre*), 538 n. sg. fem. (: *guivre* etc.).

6. Von adj. auf -*e*: *morne* 396 o. sg. m. (: *sojorne*).

7. Die adj. 2. Endungen und part. praes. im mask.:

sg. n. a. in attrib. Stellung:

    α. mit *s*: mit sich selbst im Reim 872 : 73.

    β. ohne *s*: *suduiant* 465 (: *grant*, n. fem.); beide stehen in der Inversion.

  b. in prädikat. Stellung:

    α. mit *s*: nicht belegt.

    β. ohne *s*: *fiel* 11 (: *pareil*, n. in der Invers.). *grant* 934 (: *bruiant*, n. f. etc.).

sg. obl. attrib. ohne *s*: *jornal* 137 (: *mal*, o.). *puissant* 307 (: *veant*, n. pl.), 943 (: *resplendisant*, obl. fem. sg.). *ardant* 933 (: *grant*, o. sg. f. etc.), 937 (: *grant*, n. sg. m. etc.).

pl. nom. präd.: *egal, leal* 66, 67 (: *mal*, obl., *pal* obl.).
veant 307 (: *puissant*, obl. sg.).

8. Accentverschiebende Adj.: *felon*, n. pl. (: *raison*, o.) 827.

9. Wenn sich adj. und part. auf neutrale pron. oder
ganze Sätze beziehen, haben sie neutrale Form: *que est
pecchie* 327 (: *marchie*, obl. sg.). *Tant m'est plus bel* 624
(: *revel*, obl. sg.). *ainx est tut voir* 888 (: *veer*); ferner in
161, 823, 885. Aber: *e bien iert veirs* 756 (: *eirs* = *heres*);
cf. Mall, Comp. S. 104.

10. Das mit *avoir* conj. part. perf. richtet sich nach
dem vorhergehenden Obj.: *l'ai fourmee* 16 (: *née*), sc. *illam.
l'as tu ja si tost perdue?* (sc. *seignorie*) 446 (: *venue*).
m'avez blastengee 558, *reprochee* 559 (: *hascee, jugee*).

11. Das mit *estre* conj. part. perf. erscheint:

a. mit *s*: *escrit* 533 (: *petit*). *apaiex* 630 (: *pecchiex*, o. pl.).
embatux 389 (: *nux*). *alex* 726 (: *blex*, obl. pl.). *contredix*
753 (: *filx*). Mit sich selbst im Reim: 764 : 65, 844 : 45.

b. ohne *s*: *changie* 267 (: *mangie*, n. pl.). *mesfait*
341 (: *plait*), wo auch *mesfaix* : *plaiz* gelesen werden
könnte, doch 348 (: *trait*, obl. sg.). *maleeit* 472 (: *droit*,
obl. sg.). *dampne* 617 (: *gre*, obl. sg. etc.).

Für die Flexion der subst. und adj. unseres Textes
ergiebt sich also, auch wenn man die Thatsache beachtet,
dafs in der Inversion der Objektskasus für den Nom. statt-
haft ist, dafs die altfranzösischen Deklinationsregeln zur
Zeit des Dichters schon etwas erschüttert sind. In den
Fällen, wo gegen die Dekl. verstofsen wird, könnte, dem
Alter der Dichtung entsprechend, auch Assonanz angenom-
men werden, wodurch allerdings die frühere Behauptung,
dafs sich der Dichter, wenn er zwei Verse bindet, des
Reims und wenn er vier Verse bindet, des Reims und der
Assonanz bedient, hinfällig ist. Die accentverschiebenden
Wörter sündigen nie gegen die Deklination.

Durch die Reime sind belegt:

comparat.:

sire 386 (: *ire*, obl. sg.), 404 (: *contredire*). *maires*
828 (: *contraires*, obl. pl.). *forxor* 43, *halxor* 289 (: *seignor*).
seignor 188 (: *creatur*).

pronom.:

poss. conj.: sg. 1. *moi* 128 (: *otrei*) etc. 2. *toi* 204
(: *porquoi*) etc. pl. 2. *vus* 511 (: *rescos*). *vos* 871 (: *glorius*).
poss. abs.: obl. m. 1. *mien* 70 (: *bien* etc.).

numeral.:

a. cardin.: *trais* 853 = n. pl. (mit -*s* wegen d. Invers.)
(: *rois*, obl. pl.). *noef* 661 (: *oef*).

b. ordin.: *quart* 940 (: *solaz* etc.). *disme* 656 (: *maime*).

adverbia:

la 150 (: *devia*). *ci* 200 (: *hardi*). *ca* 663 (: *voldra*).

II. Konjugation.

1. Die 1. pers. praes. ind. der *a*-Verba hat noch kein
analogisches *e*: *otrei* 129 (: *moi*). *asai* 285 (: *crerai*). *defi*
720 (: *merci*).

2. Die Reime sichern den Ausfall des *t* der 3. pers.
praes. ind. der *a*-Verba: *demaine* 369 (: *paine*). *sojorne*
397 (: *morne*). *enlace* 400 (: *face*). *ovre* 843 (: *ovre*). etc.

3. *t* ist ebenfalls geschwunden in der 3. pers. praes.
conj. der Nicht-*a*-Verba: *sucure* 333 (: *demure*). *vaille*
340 (: *faille*, sbst.). etc.

4. Die 3. pers. praes. conj. der *a*-Verba hat noch kein
analog. *e*: *enoit* 113 (: *deduit*). *ait* 352 (: *trait*).

Dieselben Resultate wie die unter 1—4 genannten
ergiebt die Silbenzählung.

Einzelne Verba.

faire: pr. conj. 1. *face* 366 (: *grace*). perf. 1. *mesfis* 338
(: *amis*).

tenir: imp. *tien* 69 (: *bien*).

veoir: pr. ind. 1. *voi* 768 (: *loi*).

ocire: perf. 3. *oscist* 363 (: *prist*). p. *occis* 731 (: *mis*).

rescorre: p. *rescos* 510 (: *vus*).

dire: p. *dit* 638 (: *escrit*).

faloir: pr. ind. 3. *falt* 178 (: *halt*).

feindre: pr. conj. 3. *feigne* 619 (: *enseigne* etc.).

mettre: p. *mis* 730 (: *occis*).
semondre: pr. 3. *somont* 860 (: *lamont*).
plaindre: pr. conj. 3. *pleigne* 621 (: *feigne*, etc.).
prendre: perf. 3. *prist* 362 (: *oscist*). p. *apris* 147 (: *paradis*).
defendre: p. *defens* 148 (: *mains*).
escrire: p. *escrit* 533 (: *petit*).
seoir: perf. 1. *asis* 82 (: *amis*).   p. *asis* 793 (: *baillis*).
traire: p. *trait* 353 (: *ait*).

chaloir: pr. 3. *chalt* 116 (: *valt*), 154 (: *halt*).
corre: pr. conj. 3. *sucure* 333 (: *demure*).   *socore* 521
   (: *ore* etc.).
savoir: pr. 1. *sai* 2 (: *ai*), 280 (: *esaiai*).
valoir: pr. 3. *valt* 117 (: *chalt*).   conj. 3. *vaille* 340 (: *faille*).
vouloir: pr. 1. *voil* 627 (: *orguil*).

maleir: p. *maleeit* 472 (: *droit*).
vivre: pr. conj. 1. *vive* 572 (: *rive* etc.).

Die Haupteigentümlichkeiten unseres Dichters sind:

1. *an* und *en* sind streng geschieden.
2. e^1 reimt nur mit sich selbst.
3. ẹ und ę reimen nicht miteinander.
4. ọ und ọ sind geschieden.
5. *ū* reimt 14 mal mit sich selbst, 2 mal mit *ō*.
6. *ai* und *ei* sind zu ę geworden. *a* in off. S. ist vor
   Nas. 1 mal erhalten und 20 mal zu *ai* geworden.
7. *ain* reimt 19 mal mit sich selbst, 2 mal mit *ein* und
   1 mal mit *en*; *ein* 5 mal mit sich selbst.
8. ĕ in off. S. Diphth. zu *ié* und das Bartsch'sche Gesetz
   ist streng beobachtet.
9. Die part.-Endung -*iée* reimt nur mit sich selbst.
10. ĕ reimt zweimal mit *ié* (= ĕ in off. S.).
11. ĕ + *i*-Elem. giebt *i*.
12. ęi (*oi*) reimt einmal mit ọi.
13. ŏ in off. Silbe diphthong. zu *ué*.
14. *ué* ist 1 mal mit sich selbst, 1 mal mit *ié* gebunden.
15. ŏ + *i*-Elem. giebt *ui*.

16. *l* nach ρ und *i* fällt aus.

17. *n* im Auslaut nach *r* ist gefallen.

18. Die lose Dentalis ist noch in einem Falle erhalten; (was später nur in der Pikardie und den anliegenden Teilen vorkommt).

19. *c* aus *tj*, *cj* und *que* (= *kj*) reimt nur mit sich selbst. *g*ʸ reimt mit sek. *bj*.

20. *t* + *s* = *x*. *s* und *x* sind streng im Reim geschieden.

21. Die Deklination ist schon ins Schwanken geraten.

22. Die adj. der lat. III. Dekl. nehmen kein fem. -*e* an.

23. Die 1. pers. ind. und die 3. pers. conj. praes. der *a*-Verba haben kein analog. *e*.

Die fünfzehn Zeichen.

Ohne von dem Adamsspiel getrennt zu sein, findet sich in der Handschrift das Gedicht von den Fünfzehn Zeichen des jüngsten Gerichts, das von Luzarche als zu jenem gehörig veröffentlicht worden ist. Das Adamsspiel und die Fünfzehn Zeichen haben aber inhaltlich nichts miteinander gemein, jenes ist eine dramatische Handlung mit feiner Charakterisierung der dramatischen Personen und zeigt einen oft recht lebhaft gestalteten Dialog, dieses ist ein gar nicht dramatisch gestaltetes Gedicht. Weitere Gründe führt A. Ebert (a. a. O.) an.

Die Fünfzehn Zeichen sind auch selbständig in andern Handschriften zu finden.

Die Aufgabe des Folgenden ist nun, zu prüfen, ob sich dieselben auch auf Grund sprachlicher Eigentümlichkeiten als von dem Adamsspiel verschieden erweisen lassen.

Die Untersuchungsmethode soll dieselbe sein wie bei dem Adamsspiel.

1. Teil.
Versmaſs.

Die Fünfzehn Zeichen zählen 360 Achtsilbner, welche paarweise miteinander reimen. Assonanz liegt nur vor in 101:02, 145:46, 175:76, 215:16, 223:24, 259:60.

Das Versmaſs ist genauer überliefert als beim Adamsspiel, denn die Zahl der sich dem Achtsilbner nicht fügenden Verse der Fünfzehn Zeichen ist verhältnismäſsig geringer als in jenem.

Silbenzählung.
Elision und Hiatus.
I. Bei einsilbigen Wörtern.

a. vor folgendem Vokal erleiden stets E des auslaut. Vokals *de, le, me, se, la* (= art. und pron.) und *ne* (= *non*). Nur scheinbar stand im H *de ire* 137. Beispiele sind nicht nötig.

b. bei *que*: a. = cas. obl.: E: *qu'il* 335. Durch Einführung des H *que | il* war das Versmaſs herzustellen in 230, 239, 240.

b. = conj. E: *Qu'il* 26, 220. *que͜un* 57. *qui͜ore* 154. *qu'a* 195. etc. H: *Que | home* 6.

In Zusammensetzungen: E: *quanque͜il* 15. etc. H: *Josque | abisme* 94. *Tant que | as* 162.

c. *si.* a. = lat. *si* (= wenn): E: *Si | un* 47.
　　b. = lat. *sic*: *si | haute* 167.

d. *je* (geschr. *jo*): E: *Jo͜en* 209.

e. *ce.* a. vor *est*: E: *c'est* 6, 194.
　　b. vor *iert*: E: *co͜ert* 140. H: *co | iert* 86, 314.

f. *qui.* a. = pron. interrog. sg. H: *qui | ert* 31.
　　b. = pron. rel.
　　　　α. = sg. H: *Qui | or* 61. *Qui | a* 88 etc.
　　　　β. = pl. H: *Qui | a* 352.

g. *li* = art. a. = sg. E: *l'un* 254, 287. H: *li* | *eirs* 320. *li* | *onximes* 251.

b. = pl. H: *li* | *emfant* 73. *li* | *arbre* 169, 173. *li* | *angle* 293. Zu bessern war *li* | *altre* 54 und *li* | *emfant* 81.

II. Bei mehrsilbigen Wörtern.

a. in Verbalformen: *-e* = lat. *-at* (Endung der 3. pers. sg. praes. ind.) der *a*-Verba wird vor Vokalen elidiert: *escoté⁀a* 47. *reconte⁀Jheremie* 51. *aferme⁀Jexechiel* 56. Das End *-t* ist also geschwunden.

b. in andern Wörtern:

Wenn dem final. *-e* ein Vokal, ein einfacher (oder Doppel-)Konsonant oder mehrfache Konsonanz vorausgeht, wird es elidiert. *muee⁀en* 131. *Oscire⁀anceis* 33. *cremisse⁀enuier* 37. *abisme⁀es* 306. etc.

Nur einmal stand im H: *Sire, aiez* 216.

c. vor aspir. *h.* Vor germ. *h* findet keine E statt: *nostre* | *herbergerie* 249.

Aus der Silbenzählung ergiebt sich ferner:

2. Die Endung *-ióm* der 1. pers. pl. condition. ist zweisilbig. *devri*|*om* 33. *voldri*|*um* 78.

3. Die 1. pers. pl. lautet *-óm* (*um*) = einsilbig. *fesom* 35. etc.

4. Bei Lehnwörtern bilden zwei Vokale, die im Lat. schon im H standen, im Franz. zwei Silben: *li*|*ons* 13. *re*|*als* 83. *A*|*aron*, *Mo*|*yses* 53. *di*|*able* 237. *de*|*ables* 265. etc. Das Suffix *-iónem* giebt *-i*|*ón* in den gelehrten Bildungen: *passi*|*on* 26. *entenci*|*on* 46. etc.

5. Zwei Vokale, die erst im Franz. durch den Ausfall eines Konsonanten in den H getreten sind, gelten für zwei Silben: Beim Ausfall

　　a. einer Dent.: *d*: *ju*|*ise* 325. *t*: *remu*|*er* 40. etc.

　　b. einer Gutt.: *g*: *fu*|*ir* 190. *c*: *pre*|*er* 124. *fe*|*is* 241. etc.

　　c. einer Lab.: *v*: *pour* 222.

6. Ausfall eines vortonigen *e* (cf. Silbenzählung des Adamsspiels, 5). In 299 verlangte das Versmaſs *peussent* statt *puissent*. 125 findet sich *ussent*, wo vielleicht auch *eust* statt *ussent* zu lesen wäre. Doch bietet das Altnorm. schon Beispiele für das Verstummen dieses *e*, cf. Suchiers Beispiele aus „*Grant mal fist Adam*" S. 27, und dem „Brandan". Zu letzterem cf. Birkenhoff, „Über Metrik und Reim der altfranz. Brandanleg.", Marburg 1884, S. 20.

7. Zu der Silbenzahl einzelner Worte ist zu bemerken:

a. *nient* ist in älteren Texten nur zweisilbig (cf. Adamsspiel 105), ebenso in den F. Z. 78 und 341; aber 119 ist es einsilbig.

b. *nes* (*nec-ipse*) ist einsilbig 18 (cf. *neis* = zweisilb. Adamsspiel 237).

8. Ausfall eines inlautenden tonlosen *e*: *e* war wiedereinzusetzen in: *espuntables* 128, fünfsilbig, *esponte* 236, viersilbig und *postis* 278, dreisilbig; entweder ist *diables* zweisilbig (doch cf. *di|able* 237, *de|ables* 265) oder der Dichter vernachlässigte schon das Dekl. -*s*, oder *li* war zu streichen.

Die adv. auf -*ment*, von adj. der III. Dekl., nehmen kein *e* an: *forment* 309. *cruelment* 358. *comunaument* 192. Dagegen *communement* 1, da *comunis* zu denjenigen adj. gehört, die schon frühe zur II. Dekl. übertraten.

e war eingeschoben (als orthogr. Zeichen) zwischen *vr* in *averont* 95, 208 = zweisilbig, *estovera* 183 = dreisilbig; ferner zwischen *tr* in *istera* 189, *dr* in *descenderont* 94 = dreisilbig; *e* ist ausgefallen und *n* assimiliert in *merra* 264. *recordrunt* 353 ist nicht *recorderunt*, sondern verschrieben statt *resordrunt*. Das fut. von *laier* lautet *larrai* 159.

Im fut. hat *faire* meistens den Stammvokal verloren; es war jedoch stets wiedereinzusetzen in *fra* 31, 50, 333. *refra* 355. *from* 98. *frunt* 294.

9. Auslautendes, dem Tonvokal folgendes *e* zählt als Silbe: *plui|e* 69. *joi|e* 275. etc., auch wenn es durch Konsonanten davon getrennt ist. Einige Male hat es der

Schreiber ausgelassen: *chescun* f. 4. *un* f. 322. vor folg. Vokal: *mue* f. 130, 165. *dresce* 63 war in *drest* zu ändern. Als nom. begegnete *home* 6, 7, 20; das Metrum verlangte *hom* = einsilbig.

10. *ele, come, ore, donc.*

ele ist zweisilbig in 90, 310 und 19, doch war auch in 90, 310 *come* st. *com*, in 19 *quanque* | *el* zu lesen. *ele* ist auf dem Kontinent nicht vor dem 13. Jahrhundert einsilbig.

come ist zweisilbig (bei Vergleichen): 24, 92, 97, 202. *com* (= da) ist einsilbig 289. *si com* 342.

ore = einsilbig 61, 154.

donc = einsilbig 115, 185, 286.

11. Dekl. Das Dekl. -*s* ist vernachlässigt in 279 *doscime_ert*; 278 *li diable_est*, doch konnte *li* fehlen. *s* war einzuführen in *signe* 302, 334.

Inklination.

a. der praep. *de* und *a* mit dem art.:
del: 85, 123. etc.
al: 107, 130. etc. *au* 357.
as: 162.

b. der praep. *en* mit dem art.: *El* 221, 240. *es* 306.

c. der neg. *ne* mit dem pron. *les*: *nes* 200.

2. Teil.
Untersuchung der Reime.
Reimliste.
1. Vokale.
a.
I. männl. Ausg.
1. -*á*.

-*ábet*, praes. *a* 356. fut. *refra* 355. — 31:32, 49:50, 133:34, 179:80, 189:90, 229:30, 263:64, 301 :02, 333:34, 337:38.

2. -ál.

-*āli, egal 162.
-*alli, val 161.

3. -áls.

-ālis, reals 83. comonals 316.
-ălus, mals 84, 315.

4. -árs.

-arsus, despars 251.
-artes, pars 252.

5. -árd.

-*ardet, esgard 63.
-artem, pard 64.

6. -ás.

-assum, neg. pas 159, sbst. bas 160.

II. weibl. Ausg.

1. -áble.

-*ăboli, obl. diable 237.
-ābula, fable 238.

2. -ábles.

-*ābiles, espuentables 128.
-*ābilis, dotables 127.

3. -áge.

-*aticum 203 : 04.

4. -áges.

-*aticos, langages 296.
-*aticus, salvages 295.

5. -árbre.

-*arbori, arbre 169.
-armor, marbre 170.

a + Nas.

I. männl. Ausg.

1. -án (-am).

-am, n. Adam 28.
-*annum, hahan 27.

2. *-ánc.*

-*angu(in)em, sanc* 131.
-**angum, fanc* 132.

3. *-ant.*

-**ando,* ger. 91 : 92, 323 : 24, 327 : 28.

e¹.

I. männl. Ausg.

1. *-é.*

-*ā,* Eigenn. 297 : 98.
-*ātem, clarte* 235. *verite* 41, 281. *ee* 144. — 59 : 60, 95 : 96.
-**ātem,* 213 : 14.
-*āti, este* 143.
-**āti, ire* 118. *espoente* 236. — 99 : 100.
-*ātum, gre* 42.
-**ātum, truble* 282. n. *corocie* 117.

2. *-él.*

-**ālem,* n. *tel* 172. n. *cruel* 171.

3. *-ér.*

-*āre, entrer* 136, 196. *ester* 289. — 23 : 24, 47 : 48, 149 : 50. sb. n. *mer* 195, obl. 135.
-**āre, finer* 290.

4. *-éx.*

-*ātes, tempestex* 318.
-*ātis,* 2. pl. *estex* 269.
-**ātis,* 2. pl. *veex* 103.· *venex* 270.
-**ātos, orex* 317.
-*ātus, enluminex* 104.

II. weibl. Ausg.

1. *-ée.*

-*āta, redotee* 68. *coloree* 71.
-*ātam, jornee* 67.
-**ātam, rosee* 72.

ẹ.

1. -ẹsce (-éche):

-ĭtiam 157 : 58, 311 : 12.

ẹ.

I. männl. Ausg.

1. -ẹl.

-ĕl, Eigenn. 55 : 56.

2. -ẹrs.

-ĕrsus, divers 205.
-*ĕrsus, dispers 206.

3. -ẹrt.

-*ĕrtum, n. 329 : 30.

4. -ẹs.

-ĕs, Moyses 53.
-ĕssum, apres 54.

5. -ẹt.

-ĕptem, set 154 (: -ait).

II. weibl. Ausg.

1. -ẹle.

-ĕlla, adj. 129 : 30.

2. -ẹrre.

-ĕrram, terre 89, n. 166.
-ĕrram, guerre 165.
-ĕrrat, deserre 90.

3. -ẹstes.

-ĕstas, testes 148.
-*ĕst(i)as, n. bestes 147.

4. -ẹstre.

-ĕssere, estre 78 (: ẹstre = -áistre).

e + Nas.

I. männl. Ausg.

1. -*ént*.

-*ĕnde, defent* 275.
-*ĕndit, reprent* 2. *descent* 310.
-*ĕnte, communement* 1. *bonement* 9. *haltement* 75. *an-guisusement* 155. *anguisosement* 233. *forment* 309. *cruelment* 358. — 191 : 92, 253 : 54.
-*ĕntem*, sb. *gent* 185. adj. voc. *omnipotent* 76.
-**ĕntem, nient* 341.
-*ĕnti, dolent* 35, 58, 276.
-**ĕnti, gent* 139.
-*ĕntum, torment* 186. *jugement* 36, 57, 357. *jogement* 140, *firmament* 10. *comencement* 342.
-**ĕntum, avenement* 156. ·
-*ĭndo, fent* 234.

2. -*énx*.

-**ĕntos, tormenz* 266.
-*ĭntus, dedenz* 265.

II. weibl. Ausg.

1. -*énte* (-*ánte*).

-**ĕnta, sanglante* 69.
-*ĕntam, mente* 70.

2. -*émble*.

-*ĕmel, ensemble* 259 (: -*éngle*).

3. -*éngle*.

-*ĭngula, cengle* 260 (: -*émble*).

i.

I. männl. Ausg.

1. -*i*.

-*ēdem, merci* 82, 142. ·
-*ĭc, issi* 81.

-*īco, di* 163.
-*īdo, afi* 164.
-* īem* statt *ĭem, middi* 111.
-*īti, bailli* 141.
-*ītum, nerci* 112.

2. -*il.*

-*īlle, mil* 116.
-*īllī, icil* 115.

3. -*in.*

-*īnem, fin* 210.
-*īnum, Augustin* 209.
-*īnum,* sb. n. 225 : 26.

4. -*ir.*

-*īre, oir* 232.
-*īre, fremir* 178. *partir* 231. — 183 : 84. sbst. inf.
   obl. 359 : 60.
-*īrum, air* 177.

5. -*is.*

-*īes* statt *ĭes, dis* 126.
-*īsti* 2. perf. 241 : 42.
īsum, parais 125. *ris* 276.
-*īvus, poestis* 277,

6. -*ist.*

-*īpsit, escrist* 194.
-*īxit, dist* 193.

II. weibl. Ausg.

1. -*ibles.*

-*ībilis, oribles* 145 (: -*icles*).

2. -*icles.*

-*īculus, fernicles* 146 (: -*ibles*).

3. -*ie.*

-*īa,* Eigenn. 51 : 52.
-*īam, Marie* 284.
-*īam, seignorie* 11. *herbergerie* 249. *folie* 243.

-*īcat*, *guerrie* 12.
-*īdat*, *crie* 244.
-*ītam*, sbst. *vie* 283.   p. *saisie* 250.

4. -*iés.*

-*īas*, *symphonies* 344.
-*ītas, n. *oies* 343.

5. -*ýmes.*

-*ŷmas*, *cymes* 176 (:-*ines*).

6. -*ines.*

-*īnas*, *veisines* 352.
-*īnas, *racines* 175 (:-*ýmes*).   n. *bosines* 351.

7. -*ire.*

-*ĕnior*, *sire* 138, 274.
-*īcere*, *dire* 299.
-*īdĕre, *rire* 273.
-*īram*, *ire* 137, 300.

8. -*ise.*

-*īcium*, *juise* 325.
-*īsam, *bise* 326.

9. -*is(s)e.*

-*īssem*, conj. 39 : 40.

ọ.

I. männl. Ausg.

1. -*ọ́r* (-*ụr*).

-*ōrem*, *seignor* 5.   *dolor* 80, 314.   *criator* 16. — 211 : 12, 221 : 22.
-*ōrem, *tristor* 15.   nom. *dolor* 6.
-*ōrum*, *lor* 123.
-*ŭrnum*, *jor* 79, 124, 168, 313.
-*ŭrrem*, *tor* 167.

2. -*ọ́rs.*

-*ōres*, *dolors* 267.   *peccheors* 345.
-*ōros, sbst. verb. *plors* 102 (:-*ọ́s*), 268.

-*ŭrnos, jors* 215 (: -*ǫs*).
-*ŭrnus*, obl. *jors* 346.

3. -*ǫs* (-*ųs*).

-*ōs, nus* 30.　*nos* 216 (: -*ǫrs*).
-*ōsi, orguillos* 29.
-*ōsum, merveillos* 101 (: -*ǫrs*). — n. 187 : 88.

Q.

I. männl. Ausg.

1. -*ǫrs*.

-*ŏris, fors* 257.
-**ŏrpos, cors* 258.

2. -*ǫrt*.

-*ŏrtem, sort* 354 (: -*ǫrz*).

3. -*ǫrz*.

-*ŏrtuos, morz* 353 (: -*ǫrt*).

4. -*ǫs*.

-**aus*, obl. *los* 198.
-*ausi, enclos* 107.

5. -*ǫst*.

-*ŏstem, host* 322.
-**ŏstum, tost* 321.

6. -*ǫt*.

-*audit, aclot* 339.
-**ŏtti, flot* 340.

ǫ + Nas.

I. männl. Ausg.

1. -*ǫn*.

-*ōnem, passion* 26. *entencion* 46.
-**ōnem*, n. *compainnon* 25. *consumacion* 336 (: -*ǫm*).
　　charbon 97.
-**ōni, felon* 45.

2. -ǫns.

-ōnes, n. pl. f. 181 : 82.
-*ōnes, n. pl. m. 13 : 14.

3. -ǫnt (-ónd).

-ŭndum, mond 43 (: -ŭnt), 304.
-ŭnt, sunt 303.

4. - ǫnz.

-ŭndos, fonz 306 (: - ǫnz).

II. weibl. Ausg.

1. -ǫnde.

-ŭndum, monde 107.
-*ŭndum, adj. obl. pl. monde 108.

ǫ + Nas.

I. männl. Ausg.

1. -ǫm.

-amus, ferom 98 (: -ǫn). dirrom 335 (: -ǫn). — 33 : 34.

2. -ǫnt (-unt).

ăbunt, praes. ont 120. fut. finirunt 44 (: -ǫnd). crieront
119. serrunt 173. — 73 : 74, 93 : 94, 113 : 14,
151 : 52, 207 : 08, 239 : 40, 255 : 56, 293 : 94.
-ōntem, contremont 174.
-ōntes, monz 305 (: -ǫnz).

II. weibl. Ausg. Yerome 224 (: -oire).

u.

I. männl. Ausg.

1. -ŭz.

-ūtes, n. vertuz 227.
-ūtus, muz 228.

II. weibl. Ausg.

1. -úne.

-ūna, lune 17.
-ūnam, une 18.

2. *-úre (-óre).*

-ūra, sbst. *creature* 3. *creatore* 245. *mesaventure* 65.
-ūram, nature 4. *mesure* 66. — 347 : 48.
-ūrat, endure 246.

2. Diphthonge.

ai.

I. männl. Ausg.

1. *-ái.*

-ăbeo, dirrai 331.
-*ăbio, sai 332.

2. *-áirs (-éirs).*

-āēr + s, n. *eirs* 320.
-*ārios, n. *esclairs* 319.

3. *-áis.*

-ācem, pais 350.
-*actos, fais 349.

4. *-áit.*

-*ăgitum, brait 153 (: *-ęt*).

II. weibl. Ausg.

1. *-áille.*

-*aliam, bataille 307.
-alliam, cj. *faille* 308.

2. *-áire (-ére).*

-ăcere, fere 121, 217.
-*ăcĕre, plaire 122.
-*āgere, atraire 110.
-*aria (ahd. *hâra*), *haire* 109.
-*atriam, sbst. vb. *repaire* 218.

3. *-áistre (-estre).*

-*ascere, nestre 77 (: *-ęstre*).

ai + Nas.

I. männl. Ausg.

(-*áint*) -*éint*.

-*angit, pleint* 8 (: -*éint* = lat. -*ĭngit*).

ęi (*oi*).

I. männl. Ausg.

1. -*éi* (-*ói*).

-*ē̆, soi* 292.
-*ē̆gem, roi* 291.

2. -*éil*.

-*ĭlio, merveil* 288.
-*ĭlium, conseil* 287.

3. -*éit*.

-*ē̆bet, deit* 19.
-*ĭdet, veit* 20.

4. -*é(i)z*.

-*ē̆tis, avrez* 271.
-*ĭctos, destrez* 272.

II. weibl. Ausg.

1. (-*éie*) -*óie*.

-*ĭam, voie* 199.
-*ĭdeat, voie* 200.

2. -*éille*.

-*ĭculat, apareille* 62.
-*ĭliam, merveille* 61.

3. -*éilles* (-*óilles*).

-**ē̆las*, n. *estoilles* 85.
-*ĭlias, merveilles* 86.

ęi + Nas.

1. -*éint*.

-*ĭngit, feint* 7 (: -*éint* = -*áint*).

16.

I. männl. Ausg.

1. -*ié* (-*é*).

-*āti, ire* 118.
-*i)*ātum*, n. *corocie* 117.
-*iet*)*ātem, pitie* 22.
-*it*)*ātem, coveitie* 21.

2. -*iél*.

-*āelum, ciel* 261.
-*ĕlem, fiel* 262.

3. -*ién*.

-*ĕm, rien* 105.
-*ĕne, bien* 106.

4. -*iér*.

-*c)*ārum*, n. *chier* 220.
-*i*)*āre, ennuier* 37.
-**ĕrium, mestier* 38.
-*ĕrum, n. *fier* 219.

II. weibl. Ausg.

1. -*iée*.

-*c*)*ădat, chiee* 88.
-*c)*āta, fichiee* 87.

2. -*iére*.

-*āerat, quiere* 286.
-*ĕra, fiere* 202.
-*ĕram, fiere* 280.
-**ĕriam, maniere* 279.
-*ĕtro, ariere* 201, 285.

ǫi.

1. -*ǫire*.

-*ōrium, n. *Grigoire* 223 (: -*ǫme*).

ué.

1. -uét.

-ŏlet, deut 247.
-ŏtet, puet 248.

Grammatik der Reime.

A. Vokalismus.

Der Vokal a.

a in offener Silbe ist geblieben wie sonst in *a* (*hăbet*) 356 (: *refra*).

lat. *-ális*, *-álem* giebt *-ál(s)*; gesichert durch *egal* 162 (: *val*).

lat. *mălum* giebt *mals* 84 (: *reals*), 315 (: *comonals*).

lat. *-ábilis*, *-áublu(a)m* erscheint nur in der gel. Form *-able(s)*: *diable* : *fable* 237 : 38 (*-ábles* 127 : 28 mit sich selbst gebunden).

-áticum(s) giebt *-áge(s)*; immer mit sich selbst geb. Die Reime sind alle rein.

a + Nas.

Die Reime von *a* + N. sind ebenfalls rein; *a* geht aufser in dem gel. *Adam* auf lat. *a* in geschl. S. zurück.

Das gerundium endet stets auf *-ánt*; es steht immer mit sich selbst im Reim.

e¹.

e¹ reimt nur mit sich selbst.

Die subst. auf *-te* von lat. *-itátem* haben *e¹* in gelehrten Wörtern (*verite* 41 [: *gre*]) etc., sowie in solchen, wo der Endung *-te* ein Konsonant vorausgeht (*clarte* 235 [: *espoente*]).

Von Wörtern, die sowohl mit *e¹* als auch mit *ié* reimen können, ist zu nennen: *pitie* 22 (: *coveitie*) und *ire* 118 (*corocie*); beide sind also mit *ié* gebunden.

crier (**quirītare*) erscheint den Lautgesetzen gemäfs noch mit reinem *e*, während es später oft durch hiatustilgendes *i* zu *cri-ier* geworden ist (cf. W. Foerster, Rich. li biaus, Anm. zu 400. Aiol Anm. zu 3733). *crier* : *parler* 149 : 50.

Die 2. pers. plur. praes. ind. endet auf -*ez* und zwar nicht nur bei den Verben der 1. Konj., sondern auch bei solchen, die im Lat. -*ētis*, -*itis* hatten; *ez* sichern: *veez* 103 (: *enluminez*, part.). *estez* : *venez* 269 : 70.

Für die 2. pers. plur. fut. dagegen ist die alte Endung -*eix* (= lat. (*hab*)*ētis*) noch anzusetzen, wie *avrez* : *destrez* (*districtos*) 271 : 72 beweist. Sonst findet sich die 2. pers. plur. fut. nicht mehr im Reim.

lat. -*ālem* giebt -*él* in *cruel* : *tel* 171 : 72. *cruel* ist also von **crudalem* nicht von *crudēlem* abzuleiten (cf. W. Foerster in Chev. as II esp. XXXV fg., Rom. Stud. III, 445 ff.).

Der Vokal ę (= lat. *ĭ* in geschl. S.).

ę begegnet nur in dem Suffix -*ĭtia* = -*ésce* und -*éche*, welches mit sich selbst gebunden ist.

Der Vokal ę (= lat. *ě* in geschl. S.).

Gehen wir die Reimliste durch, so finden wir mit:

I. männl. Ausg.:

1. 2 Reimwörter auf -*ęl*, 2 Eigennamen mit sich selbst gereimt.

2. 2 Wörter auf -*ęrs*: *divers* : *dispers*, beide mit ursprünglich lat. *ě*.

3. 2 Wörter auf -*ęrt* = lat. -*ěrtum* mit sich selbst reimend.

4. 2 Wörter auf -*ęs*: der Eigenn. *Moyses* reimt mit *aprés* (= *adprěssum*).

5. 1 Wort auf -*ęt*: *sęt* (*sěptem*) ę reimt mit *ai* aus lat. *a* + *i* Element.

II. weibl. Ausg.

1. 2 Wörter auf -*ęle* (mit urspr. lat. *ě*) mit sich selbst gebunden.

2. 4 Wörter auf -*érre*; einmal reimt *terre* 166 mit *guerre*, einmal 89 mit *deserre*, für welches also ein **deserrat* anzusetzen ist; überall liegt lat. *ĕ* zu Grunde.

3. 2 Wörter auf -*éstes* mit *ę* (*bestes* : *testes* 147 : 48).

4. 1 Wort auf -*éstre* (*estre* 78 [= lat. *ĕssere*] : *nestre* [**nascere*]); also *ę* : *ai* vor mehrfacher Konsonanz.

Eine Mischung von *ę* mit *ę* oder *e*[1] begegnet nicht.

Da in den F. Z. die *e*-Laute auseinandergehalten sind, so ist vielleicht anzunehmen, dafs in der Sprache des Dichters noch drei *e* bestanden haben, dieselben wie in der Sprache des Adamsspiels.

e + Nas.

e + Nas. reimt nur mit sich selbst, nie mit *a* + Nas.

In dem Reim *sanglante* 69 (: *mente*) ist nicht -*ánte* : -*énte* gebunden, denn *sanglante* geht auf lat. *sanguin-*olentum* zurück. Die Schreibung mit *a* rührt vom Schreiber her, der Dichter hat nur etym. *en* gebunden.

Von Wörtern, die bald mit *an*, bald mit *en* reimen, sind zu nennen: *dolent* 35, 58 (: *jugement*), 276 (: *defent*). *dedenz* 265 (: *tormenz*); sie reimen also nur mit *en*.

Assonanz liegt vor in *ensemble* : *cęngle* 259 : 60.

Der Vokal i.

Die Reime in *i* gehen zum gröfsten Teile auf lat. *ī* zurück. Ferner ist *i* entstanden:

durch Umlaut in:

     icil (n. pl. *ĭllī*) 115 (: *mil*);

durch Vokalsteigerung in:

     merci 82 (: *issi*), 142 (: *bailli*);

nach eingetretener Ersatzdehnung:

     sire (*sĕnior-sē(n)ior* 138 (: *ire*) etc.

Die auf verschiedenen Grundlagen beruhenden *i* reimen also untereinander. Zu bemerken ist der Reim *guerrie* 12 (: *seignorie*). Die Endung -*ie* in *guerrie* ist eine sekundäre und wurde aus der tonlosen Form eingeführt.

Reime von -*ie* : *ie* aus *iée* kommen nicht vor; es ist nur *ie* : *ie* aus *ia* gebunden.

Assonanzen liegen vor in: *oribles* : *fernicles* 145 : 46. *racines* : *cymes* 175 : 76.

Der Vokal ọ (= lat. ō, ŭ).

Das geschl. *o* (*ọ*) (= lat. ō, ŭ) reimt nur mit sich selbst; es ist meistens mit *o*, selten mit *u* bezeichnet.

Für *pour* 222 (: *criator*) ist die Form auf -*ọr* (nicht die daneben vorkommende auf -*ür*) durch den Reim gesichert.

Für die Diphthongierung des *ọ* in off. Silbe geben die Reime sonst keinen Anhalt. Nur aus dem Reim *peccheors* : *jors* 345 : 46 ist zu ersehen, dafs der *o*-Laut in diesem Falle monophthongisch geblieben war.

Der Vokal ǫ.

ǫ ist entstanden aus lat. ŏ in und aufser Position, und lat. *au*; es wird stets mit *o* wiedergegeben und reimt nur mit sich selbst.

flot ist wie sonst mit off. ǫ gebunden: *flot* 340 (: ǫt ⌈*audit*⌉); somit ist von einem Typus -*flŏttum auszugehen, cf. Foerster im Rhein. Mus. 78, 1. H.

In offener Silbe ist ǫ undiphthongiert geblieben (auch im Neufranz.) in *fŏris* = *fors* 257 (: *cǫrs*).

Für die Diphthong. des ǫ in off. Silbe bietet sich nur ein Reim: *deut* (*dŏlet*) : *puet* 247 : 48. Beide Wörter sind wohl nur graphisch verschieden; *l* ist in *deut* als ausgefallen zu betrachten.

o + Nas.

ọ + Nas. und ǫ + Nas. sind, wie schon in den ältesten Texten, zusammengefallen. *monz* (*montes*) : *fonz* (*fundos*) 305 : 06.

Für die 1. pers. plur. sichern die Reime -*óm*, einmal findet sich -*óms* (-*úms*) mit sich selbst im Reim. -*óm* ist die alte norm. Endung. Sie ist mit -*ǫn* geb.: *ferom* 98 (: *charbon*). *dirrom* 335 (: *consumacion*).

Die 3. pers. pl. praes. ind. von *habere* erscheint als *ont* (*habunt) 120 (: *crieront*). Die 3. pers. pl. fut. auf -*ǫnt* (-*únt*) reimt mit -*ǫnd*: *finirunt* 44 (: *mond*).

Der Vokal u.

Bei dem Vokal *u* ist nichts zu bemerken; er ist stets mit sich selbst gereimt. In der Schrift begegnet *o* statt *u*: *creatore* 245. *mesaventore* 347.

Der Diphthong ai.

In der Sprache des Schreibers ist *ai* und *ei* schon zu *ǫ* geworden, wie die verschiedene Bezeichnung zeigt:

ai = *ei*: *eirs* (*aer* + *s*) 320. *pleint* 8. etc.
ei = *ai*: *plain* 21.
ai = *e*: *fere* 121, 217. *fet* 116. etc.
ei = *e*: *destrex* 272. etc.

Zu *ei* = *eie* in *soleiel* cf. Reimuntersuchung des Adamsspiels unter Diphthong *ai*.

ei = *oi* cf. Reimuntersuchung des Adamsspiels unter Diphthong *ei*.

Für die Monophthongierung von *ai* in der Sprache des Dichters geben die Reime nur folgende Belege:

ai + *t* reimt mit *ǫ*: *brait* 153 (: *sęt* [*sĕptem*]).

ai + mehrfache Kons. ist ebenfalls mit *ǫ* geb.: *nestre* 77 (: *ǫstre* [*ĕssere*]).

ai + Nas. reimt mit *ei* + Nas.: *plaint* (*plangit*) 8 (: *feint* [*fingit*]). Rein gebunden dagegen ist:

ai (auslautend),
ai + *r*(*e*), *ai* + *s*, *ai* + *l˜*(*e*).

Da *ai* vor Nas. mit *ei* reimt, ferner *ai* vor *t* und mehrf. Kons. zu *ǫ* geworden ist, so ist anzunehmen, daſs *ai* zur Zeit des Dichters schon *ǫ* lautete.

Der Diphthong eï.

Wie schon unter *ai* bemerkt, wird *ęi* auch mit *ai*, *oi* und *ei* bezeichnet.

Für *esteille* ist ein lat. *stēla anzusetzen. Mall, Comp. S. 77 nimmt schon an, daſs *esteille*, welches dort auſserhalb des Reimes vorkommt, eine berechtigte Nebenform für *esteile* (*stĕlla*) gewesen zu sein scheint. Unser Text sichert diese Form durch: *estoilles* 85 (: *merveilles*).

Daſs für die 2. pers. pl. fut. die alte Endung -*eiz* anzusetzen ist, ist schon unter *e*[1] erwähnt. Beweisend ist *avrez* 271 (: *destrez*).

Der Diphthong ïé.

Für *ïé* ist einmal *e* eingetreten in *ire* 118.

pitie 22 und *ire* 118 sind schon unter *e*[1] erörtert.

Das Suffix -*ĕrium* giebt:

1. -*iére* in *maniere* 279 (: *fiere*); diese Bindung zeigt, daſs von -*ĕra* auszugehen ist, da sonst -*ĕria* durch den Umlaut zu -*ire* hätte werden müssen.

2. *ier* = lat. -*ĕrum* (st. -*ĕrium*) in *mestier* 38 (: *ennuier*).

Das Bartsch'sche Gesetz ist streng befolgt und *ĕ* in off. S. stets zu *ïé* diphthongiert. Das auf dem Wege dieses Gesetzes entstandene *ïé* und das aus *ĕ* in off. S. entstandene *ïé* reimen miteinander: *ennuier* : *mestier* 37 : 38, *fier* : *chier* 219 : 20.

Die Endung -*ïée* reimt nur mit sich selbst.

Der Diphthong ǫï.

Unser Text bietet nur die Assonanz: *Grigoire* : *Yerome* 223 : 24. Beide Wörter sind gelehrte Bildungen.

Der Diphthong ué.

Die Bemerkung zu dem Reim *deut* : *puet* 247 : 48 s. u. *ǫ*.

B. Konsonantismus.

I. Liquiden.

1. *l.* Für die Vokalisierung des *l* beweisen die Reime nichts.

a + *l* + Kons. reimt mit sich selbst (*reals* : *mals* 83 : 84. etc.).

e[1] + *l* + Kons. ist nicht belegt (*cruel* : *tel* 171 : 72, beide nom.).

ę + *l* + Kons., *i* + *l* + Kons. u. *ǫ* + *l* + Kons. sind ebenfalls nicht belegt.

ǫ + *l* + Kons. ˉIn *deut* (*dǒlet*) 247 (: *puet*) ist *l* ausgefallen.

Auch für die Vokalisierung des *l͂* ist nichts aus den Reimen zu ersehen.

In *salvalges* 295 (: *langages*), wo *l* etym. falsch ist, lag nur ein Schreibfehler vor.

2. *r.* lat. *rr* reimt mit rom. *rr*: *teire* : *deserre* (*de-* *serrat*) 89 : 90.

lat. *rr* reimt mit deutsch. *rr*: *guerre* : *terre* 165 : 66.

lat. *tr* reimt mit lat. *r*: *ariere* : *fiere* 201 : 02. *ariere* : *quiere* 285 : 86. *fere* : *repaire* 217 : 18.

lat. *dr* reimt mit lat. *r*: *rire* : *sire* 273 : 74. Also überall einfaches *r*.

r ist stumm oder wenigstens sehr schwach in *plors* 102 (: *merveillos*). *jors* 215 (: *nos*), wenn nicht reine Assonanz anzunehmen ist.

3. *n* ist gefallen: im Auslt. nach *r*: *jor* 79 (: *dolor*). *jors* 346 (: *peccheors*) etc. vor *r*: *sire* (*sěnior* — *sē(n)re* — *sire*) 138 (: *ire*) etc.

4. *m.* Im Auslaut reimt etym. *m* mit etym. *n*: *hahan* : *Adam* 27 : 28. *charbon* : *ferom* 97 : 98. *dirrom* : *consumacion* 335 : 36. *rien* : *bien* 105 : 06.

In Bezug auf die Bindung *n* : *m* ist zu bemerken, daſs die Nasalierung schon in dem Maſse eingetreten sein muſste, daſs -*ón* : -*óm* reimen konnte.

Im Inlaut ist einmal *n* : *m* geb. in *racines* : *cymes* 175 : 76 (Assonanz).

II. Labialen.

1. *p* ist geschwunden vor *t*: *set* (*septem*) 154 (*brait*). *s*: *cors* 258 (: *fors*). *escrist* (*scripsit*) 194 (: *dist*).

2. *b* ist eingeschoben in *marbre* (*marmor*) 170 (: *arbre*). Zwischen *ml* in *ensemble* (*insemel*) 259 (: *cengle*) (Assonz.).

3. *f*. Das in den Auslaut getretene *v* ist zu *f* geworden, welches vor flex. *s* schwindet: *poestis* 277 (: *ris*).

III. Dentalen.

1. Der Abfall der „losen" Dentalis ist nur gesichert bei den part. auf -*itum*: *nerci* 112 (: *middi*). Bei den andern part. reimt stets Gleiches mit Gleichem. Die 3. pers. ind. praes. von *habere* lautet *a*; nur einmal im Reim: *a* 356 (: *refra*).

2. In Nominal- und Verbalstämmen ist die Dentalis gefallen: *merci* 82 (: *issi*). *afi* 164 (: *di*).

3. Die intervok. Dent. ist gefallen: *crie* 244 (: *folie*). *voie* 200 (: *voie*).

4. Die auslaut. feste, durch Kons. gestützte Dent. ist erhalten. *d* statt *t* erscheint in *esgard* : *pard* 63 : 64.

IV. Gutturalen.

1. *c* im Auslaut ist gefallen: *issi* 81 (: *merci*).

V. s, z.

z entsteht aus:

1. *t* + *s*: *dedenz* : *tormenz* 265 : 66. In *dispars* : *pars* 251 : 52 ist etym. *s* mit *z* gebunden.

2. -*c*, welches ein *i* entwickelt und an den vorausgehenden Vokal, mit dem es sich zum Diphth. verbindet, abgegeben hat: in der Schrift erscheint *s*: *fais* : *pais* (*pacem*) 349 : 50. *pacem* schwankt in manchen Texten zwischen *s* und *z* (s. W. Foerster zu Cliges LXXIII). Der Reim verlangt *faiz* (*factos) : *paiz*.

3. *r* + *n* + *s* = *rs*: *jors* 215 (: *nos*).

C. Formenlehre.

I. Deklination.

In Bezug auf die Deklination lehren die Reime:

a. Substantivum.

1. Die fem. der lat. *a*-Dekl. haben für den sg. und pl. nur je eine Form im nom. und obl.:

sg. *creature*, n.: *nature*, o. 3 : 4. 10 Bel. für den nom., 24 für den obl.

pl. *bestes*, n.: *testes*, o. 147 : 48. 4 Bel. für den nom., 4 für den obl.

2. Wie die fem. der *a*-Dekl. flektieren auch die fem. der konsons. Dekl.:

sg. *verite*, o. 41 (: *gre*, o. sg.). 12 Bel. für den obl., der nom. ist nicht belegt.

pl. *tempestez*, o. 318 (: *orez*, o. pl.). Der nom. ist nicht belegt.

sg. n. *dolor* 6 (: *seignor*, o. sg.). *dolor*, o. 80 (: *jor*, o.). 5 Bel. für den obl.

pl. o. *dolors* 267 (: *plors*, o. pl.). Der nom. ist nicht belegt.

sg. n. *consumacion* 336 (: *dirrom*). o. *passion* 26 (: *compainnon*, sg.). 2 Bel.

pl. n. -*s*, mit sich selbst geb. 181 : 82.

sg. n. *mer* 195 (: *entrer*). o. *mer* 135 (: *entrer*).

pl. n. *vertuz* 227 (: *muz*, n. sg.). o. *pars* 252 (: *despars*).

Die Reime belegen ferner die obl.: *pard* 64. *merci* 82, 142. *rien* 105. *tor* 167. *fin* 210. *host* 322. *sort* 354. *gent* 185, was aber auch *genz : tormenz* sein könnte.

Als einzige Ausnahme ist zu nennen: n. pl. *gent* 139 (: *jogement*, obl.), wo entweder *genz* zu lesen und Assonanz anzunehmen, oder der pl. des Verbums in den sg. zu ändern ist.

3. Die mask. der lat. *o*-Dekl. mit nom. -*s* flektieren nach dem Typus sg. n. *s*, obl. —; pl. n. —, o. *s*.

sg. n. mit sich selbst geb. ohne *s*: 225 : 26 (Invers.)

sg. o. *mond* 43 (: *finirunt*). 28 Bel.

pl. n. *flot* 340 (: *aclot*). *diable* 237 (: *fable*).

pl. o. *tormenz* 266 (: *dedenz*). 10 Bel.

Besonders zu erwähnen ist:

n. pl. *esclairs* 319 (: *eirs*, n. sg.). Hier ist die obl. Form für den nom. infolge der Inversion eingetreten.

obl. sg. *jors* 346 (: *peccheors*, o. pl.), wo *s* wohl von dem Schreiber herrührt, denn nach *vez ci* verlangt die rom. Syntax den obl., es ist also wohl *peccheor: jor* zu lesen.

Zu beachten ist: *morz*, obl. pl. : *sort*, obl. sg. 353 : 54, wo gebessert werden muſs.

lat. *mundum* erscheint wie auch sonst in doppelter Form: 1. *mond* 43 (: *finirunt*). 304 (: *sunt*). 2. *monde* 107 (: *monde*, adj. obl. pl. cf. Flex. d. adj.).

Der subst. inf. begegnet nur im obl. mit sich selbst geb. 359 : 60.

4. Die mask. der lat. kons. Dekl. folgen dem Typus der *o*-Dekl.:

sg. n. *eirs* 320 (: *esclairs*). o. *roi* 291 (*soi*), *marbre* 170 (: *arbre*, n. sg.). 5 Bel.

pl. n. *val* 161 (: *egal*). 3 Bel. auf *s* mit sich selbst geb. 13 : 14. o. *monz* 305 (: *fonz*), *dis* 126 (: *paradis*).

5. subst. auf -*re* (= lat. -*er*) sind nicht belegt.

6. Wörter mit beweglichem Accent: sg. n. *sire* 138 (: *ire*), 274 (: *rire*). o. *seignor* 5 (: *dolor*). *criator* 16 (: *tristor*), 211 (: *dolor*), 221 (: *pour*). pl. voc. *peccheors* 345 (: *jors*).

Die obl. Form ist für den nom. eingetreten, aber in der Inversion: *compainnon* 25 (: *passion*).

7. Eigennamen sind unflekt.: *Adam*, n. 28 (: *hahan*, o.). *Augustin*, o. 209 (: *fin*, o.); ferner mit sich selbst geb.: 51 : 52, 55 : 56, 223 : 24, 297 : 98.

8. Indeklinable Wörter mit stammhaftem *s*: *parais* 125, *bas* 160, *ris* 277, *pais* 350. *s* ist stammhaft geworden in: *los* (*laus*, o) 198 (: *enclos*). *cors*, o. pl. 258 (: *fors*) (gemeinfranz.).

b. Adjektivum.

1. Die fem. der adj. 3. Endungen flektieren wie die subst. der a-Dekl.:

sg. n. *sanglante* 69 (: *mente*). 4 Bel. o. *une* 18 (: *lune*, n.). 2 Bel.

pl. n. *veisines* 352 (: *bosines*, n.). o. ist nicht belegt.

2. Die fem. der adj. 2. Endungen sind nicht belegt.

3. Die mask. der adj. 3. Endungen und adj. gebrauchten part.:

a. in prädik. Stellung:

α. sg. nom. mit *s*: *muz* 228 (: *vertuz*, n. pl.). 5 Bel. mit nom. *s*; 6 mit stammh. *s*; ohne *s*: mit sich selbst reim. 219 : 20, 329 : 30. obl. ist unbelegt.

β. pl. nom. ohne *s*: *dolent* 35, 58 (: *jugement*). 276 (: *defent*); mit stammh. *s*: *orguillus* 29 (: *nus*). obl. begegnet einmal ohne *s*: *monde* 108 (: *monde*, o. sg.).

b. in attrib. Stellung bel. ist nur der obl. sg. ohne *s*: *nerci* 112 (: *middi*, o.). *truble* 282 (: *verite*, sg.).

4. Die mask. der adj. 2. Endungen. Belegt ist in prädik. Stellung nom. sg. mit *s*: *reals* 83 (: *mals*). *comonals* 316 (: *mals*); mit sich selbst gebunden 127 : 28, 145 : 46; ohne *s*: mit sich selbst geb. 171 : 72; nom. pl. ohne *s*: *egal* 162 (: *val*). In attrib. Stellung als Vok. ohne *s*: *omnipotent* 76 (: *haltement*).

5. Adj. mit bewegl. Accent: obl. sg. *felon* 45 (: *entencion*).

6. Das mit *avoir* conjugierte part. richtet sich nach dem vorhergehenden obj.: *l'ad saisie* 250 (: *herbergerie*) (sc. *herbergerie*).

7. Das mit *estre* conjugierte part. richtet sich nach dem Subj.:

m. sg. n. *enluminez* 104 (: *veez*).

m. pl. n. *bailli* 141 (: *merci*, o.). *espoente* 236 (: *clarte* o.). etc. mit sich selbst geb. 99 : 100. mit stammh. *s* 197.

f. sg. n. *redotee* 68 (: *jornee*). *coloree* 71 (: *rosee*). *fichiee* 87 (: *chiee*).

f. pl. n. *oies* 343 (: *symphonies*).

Ohne *s* im n. sg. m. *corocie* 117 (: *ire*, n. pl.).

Die Dekl. der subst. und adj. zeigt also nur wenige Unregelmäfsigkeiten. Bei den betr. Verstöfsen könnte Assonanz angenommen werden.

c. Comparative:

sire 138 (: *ire*). 274 (: *rire*). *seiynor* 5 (: *dolor*).

d. Pronom.:

pers. sg. 3. *soi* 292 (: *roi*). pl. 1. *nos* 216 (: *jors*). — poss. abs. *lor* 123 (: *jor*). — demonstr. n. pl. *icil* 115 (: *mil*).

e. Numeralia:

une 18 (: *lune*). *set* 154 (: *brait*). *mil* 116 (: *icil*).

f. Adverbia:

issi 81 (: *merci*).

II. Konjugation.

1. Die 1. pers. praes. ind. der *a*-Verba hat kein analogisches *e*: *afi* 164 (: *di*). *merveil* 288 (: *conseil*).

2. Die Reime sichern den Ausfall des *t* der 3. pers. praes. ind. der *a*-Verba: *deserre* 90 (: *terre*).

3. *t* ist geschwunden in der 3. pers. praes. conj. der Nicht-*a*-Verba: *voie* 200 (: *voie*). *quiere* 286 (: *ariere*). etc.

4. Die 3. pers. praes. conj. der *a*-Verba hat kein analog. *e*: *esgard* 63 (: *pard*).

Das Resultat von 2 und 4 ergiebt auch die Silbenzählung.

5. Die 2. pers. pl. fut. lautet: *-ęx*: *avrex* (: *destręx*) 271.

6. *-iée* bleibt *iée*: *afichiee* 87 (: *chiee* [*cadat*]).

Einzelne Verba:

veoir: praes. ind. 3. *veit* 20 (: *deit*). conj. 3. *voie* 200 (: *voie*). *clore*: pr. 3. *aclot* 339 (: *flot*). p. *enclos* 197 (: *los*). *dire*: pr. 1. *di* 163 (: *afi*). perf. 3. *dist* 193 (: *escrist*).

falloir: conj. pr. 3. *faille* 308 (: *bataille*).
feindre: pr. 3. *feint* 7 (: *pleint*).
plaindre: pr. 3. *pleint* 8 (: *feint*).
querre: pr. conj. 3. *quiere* 286 (: *ariere*).
escrire: perf. 3. *escrist* 194 (: *dist*).

cheoir: pr. conj. 3. *chiee* 88 (: *fichiee*).
devoir: pr. 3. *deit* 19 (: *veit*).
pooir: pr. 3. *puet* 248 (: *deut*).
doloir: pr. 3. *deut* 247 (: *puet*).

Die Haupteigentümlichkeiten der F. Z. sind:

1. *an* und *en* sind getrennt.
2. e^1 reimt nur mit sich selbst.
3. ę und ę sind nicht gebunden.
4. ǫ und ǫ sind geschieden.
5. *ū* reimt nur mit sich selbst.
6. *ai* und *ei* sind = ę (einmal reimt $ai + t : ei + t$, einmal *ai* + mehrf. Kons.: ę).
7. *ai* + Nas. reimt einmal mit *ei* + Nas.
8. *ĕ* in offener Silbe = *ié*. Das Bartsch'sche Gesetz ist beobachtet.
9. *iée* = *iée*.
10. *ŏ* in offener Silbe = *ué* (1 Reim).
11. *l* fällt aus nach *ŏ* (in offener Silbe = *ué*).
12. *n* im Auslaut nach *r* ist gefallen.
13. Die „lose" Dent. in der Endung -*itum* ist geschwunden.
14. $t + s = x$; *s* und *x* ist einmal gebunden.
15. Die Dekl. ist noch nicht zerstört.
16. Die 1. pers. ind. und die 3. pers. conj. praes. der *a*-Verba haben kein analog. *e*.

Die Silbenzählung des Adamsspiels und der F. Z. zeigt, daſs beide Texte im allgemeinen übereinstimmen; doch deuten Wörter wie *nient*, *neis*, die im Adamsspiel zweisilbig sind, in den F. Z. aber schon einsilbig gebraucht werden, darauf hin, daſs die letzteren jünger sind.

Die Hauptunterschiede sind: Die F. Z. haben keine Reime von:

1. $\varrho : i\acute{e}$.
2. $\varrho : u$ (= lat. $\bar{u}$).
3. a (in off. S.) + Nas. : a + Nas. + Kons.
4. $\varrho i : \varrho i$.
5. $u\acute{e} : i\acute{e}$.

Ferner:

6. keinen Reim, wo die „lose" Dent. noch erhalten ist und
7. einmal $t + s = z : s$ geb., während im Adamsspiel nur $s : s$ und $z : z$ reimt.

Diese Verschiedenheiten erlauben im Verein mit anderen Gründen, auf die schon oben hingewiesen wurde, den Schluß, daß die sicher kontinentalen Fünfzehn Zeichen vom jüngsten Gericht mit dem anglonormannischen Adamsspiel nichts gemein haben.

Glossar.

I. Adamsspiel.

achater *bezahlen*, *büfsen* 621.
aconter *bezahlen* 420.
acoveitise *f.* *604.
afoloier *59.
aquest *m. Erwerb, Gewinn* 463.
asise *f. Richterspruch* *795.

cachier *481.
chaït, chaeit *Part. von* cheoir 317.
conservage *m.* *22.

defens *1. Part. zu* defendre *148.
2. *m. Verbot* 410. 469.
deviér, deveer *verbieten* 151. 430.
dor = dur 319. 799.
dorer = durer, *conj. praes.* dorge 739.

engendreore, engendrëure *f. Zeugung* 778. *Nachkommenschaft* 583.
engruter *krank werden* 87.
entent *m.* *143.
espeir *m.* *929.
espin *m. Dorn* *431.

faidi *m. vervehmt* 513.
falture *f. Mangel* 89.
folage *m. Torheit* 460.
fraiture *f.* *585.

gardein, gardain *m. Wächter* *182.
gwai, guai *m. Weh, Unglück* 419.

hahan, ahan *m. schwere Arbeit* 434. 456.
hascee, haschiee *f. Pein* 555. 560.

luër, loër, loier *m. Lohn* 659.

manage *m. Wohnung* 99.
miner *717.

nen *6.

oi *1.* = audi 534.
2. = hui 703.

pal *in* estre lïé a pal 65.
poi, *f.* poio *adj. wenig* 57.
precept *m. Gebot* 141.

raie, reie, *franz.* roie *f. Furche* 863.
ras *m. (?)* *481.
relais *m. Säumen* 677.
repost *Part. von* repondre *verbergen* 387.
rescus *m. oder* rescuse, rescosse *f. Rettung* *316.
retrait *m. Unterredung, Verkehr* 291. *Rettung* 315.
retraite *f. Erzählung; Bufse* *563.
rimor, rumor *s.* *733.

sachier *481.
suduire *verführen* 465.
suffraite, sofraite *f. Mangel* 565.

toleit *Part. von* toldre *wegnehmen* 391.
trait *m. Zug; met. Spur* 349.
trüuage, trëuage *m. Tributpflichtigkeit* 463.
trespassement *m. Überschreiten (eines Verbots)* 142.

ventre *in* faire v. 184.

II. Die fünfzehn Zeichen.

aclore *sperren* 339.
arc en ciel 261.

cengle *f. (vom Regenbogen)* 260.
cest *n.* *194.
chanel *m. Kanal, Bett* 189.
coveitié *f. Begierde* 21.

denz *drinnen* *197.
deserrer *losschie/sen* 90.
despars *251.

estreinement, estraignement *m.*
  Knirschen 268.

fanc *m. Kot* 132.
fernicle *146.
fuc *m. Feuer* 246.

gresliz *m. Hagel* 317.

juvableté *f.* *214.

oré *m. Sturm* 317.

tempest *m.* *312.

vertu *f.* *250.

Namenverzeichnis.

I. Das Adamsspiel.

Aaron *196.*
Abacuc *227.*
Abel 610. 638. 666. 722.
Abraham 744.
Adam 1 *und oft.*

Balaam *216.*

Chaym 590. 622. 722. 740.
Cristus 821. Crist 832.

Daniel *222.*
David *203.*

Emanuhel 920.
Eva, *Akk.* Evain 9, 24 *und oft.*

Gabriel 920.

Jacob 816.
Jessé 877.
Jheremias *233.*
Isaias *241.* Isaïe 882.
Israel 818. 821. 861.
Judé 856.
Judeu 790. 826.
Marie 381. 922.
Moab 819.
Moyses *189.*

Nabugodonosor *253.*

Salomon *208.*
Seth *221.*

II. Die fünfzehn Zeichen.

Aaron 53.
Abraham 298.
Adam 28.
Augustin *209.

Babiloine 55.

Choré 298.
Crist 27.

Danïel 55.

Grigoire 223.

Jafed 297.
Yerome (Jerome) *224.
Jezechïel 56.

Jheremie 51.
Jhesus 82. 124.
Ysaïe 52.

Marie 284.
Moyses 53. 194.

Oliver *25.

Piere (saint) 228.
Pol (saint) 238.

Rollant *24.

Tharó 297.

Zorobabel 52.